Collection folio junior en poésie

Maquette : Karine Benoit

Iconographie: Françoise Arnault

Présenté par

François Caradec

RAYMOND QUENEAU

UN POÈTE

Gallimard
Jeunesse

RAYMOND QUENEAU, UN POÈTE

Raymond Queneau, un poète. Il faut mettre un point d'interrogation : Raymond Queneau, un poète ? Le point d'interrogation a son utilité. Car tout dépend de la façon dont on répond à la question : Qu'est-ce que la poésie, point d'interrogation.

En effet, « Raymond Queneau est sans doute le seul poète à se réclamer aujourd'hui de Boileau » (selon Yvon Belaval). Placer, comme il le fait en 1937, une citation de Boileau en tête d'un recueil de poèmes, c'est de la provocation. Bien sûr, c'est d'abord un défi à ses anciens amis surréalistes, mais c'est aussi parce que Raymond Queneau, écrivain savant à la verve bouffonne, est rarement un poète « lyrique ». Sauf quand il invective la mort. Raymond Queneau est un poète didactique. On sent que ses préférences vont à ce Joseph-Henri Flacon qui a traduit le Code civil en vers, aux auteurs de vers mnémoniques (*Le carré de l'hypothénuse/Est égal si je ne m'abuse*... Ou : *Que j'aime à faire apprendre un nombre utile aux sages*), aux poètes alchimistes et aux grands rhétoriqueurs, aux inventeurs de « moules » et aux auteurs de traités de rhétorique. Ses maîtres sont des poètes décriés qui ne figurent plus dans les anthologies. Il se prend pour Jacques Delille, mais aussi pour François Coppée : il aime les humbles, les bestioles, les petits faits vrais. « Ce parti pris d'atténuer, de minimiser, s'il est antihéroïque, antilyrique, est aussi un parti pris de tendresse » (Claude Debon). Oui, mais tout ce qu'il demande, c'est de n'avoir pas à étaler ses sentiments.

« Je m'intéresse à toutes les questions (dit-il à Georges Charbonnier), je ne dirai pas de mathématique du langage, mais enfin du langage en tant que jeu avec des règles, disons un jeu de raisonnement, ou un jeu de hasard avec un maximum de raisonnement. » Tels sont ses poèmes, avec leurs collages et leurs allusions, leurs acrostiches, leurs jeux de mots, leurs pastiches de chansons idiotes de café-concert, et leurs rimes acrobatiques :

> C'était un peu avant mille neuf cent quatorze
> Le rouge pantalon fleurissait dans les champs
> On n'allait pas encore comptant siort xeud nu orze
> L'art de la guerre avait un parfum de printemps

Georges Perros : « Il y a chez Queneau une gourmandise de la langue, du mot, mieux, de la lettre, celle-ci jouant aux cartes à l'intérieur de son mot, et je ne sais quelle sensibilité dans leur dégustation, mais sensibilité qui ne saurait trouver sa fin que dans la bouffonnerie. » Tout le monde connaît l'orthographe simplifiée qu'il a adoptée. « Doukipudonktan ? » se demande Gabriel à la première page de *Zazie dans le métro*. Raymond Queneau ne veut pas seulement faire sourire ses lecteurs, mais prouver par l'exemple qu'il existe en français comme en d'autres langues, une langue écrite et une prononciation parlée. Nous écrivons : « Ce que tu as dit tout à l'heure », mais nous disons : « Skeutadittaleur ». Raymond Queneau nous donne à *voir* ce langage parlé pour que nous lisions ses poèmes comme il les a écrits :

j'écris quelques poèmes
qui valent je l'espère
ceux que j'élaborais
lorsque j'avais vingt ans
je les signais d'ailleurs
de la même façon
q-u-e-n-e-a-
u-r-a-i grec mond

CHÊNE ET CHIEN

Le premier recueil poétique de Raymond Queneau porte ce titre: *Chêne et chien*. C'est un « roman en vers ». Il y raconte son enfance et le traitement qu'il décida de suivre chez un psychanalyste.

Chêne et chien voilà mes deux noms
étymologie délicate

C'est chêne *ou* chien qu'il veut dire, car entre les deux il ne sait choisir. A-t-il vraiment *deux* noms ? Le nom de « Queneau » vient du mot « quêne », le chêne. Le « quenot », en Normandie, est aussi un petit chien; mais n'est évidemment pas la véritable éymologie du nom de Raymond Queneau.
À l'école, les enfants ont toujours donné des sobriquets à leurs professeurs et à leurs camarades : ils sont parfois involontairement cruels. Raymond Queneau a difficilement supporté d'être le « quenot » de sa classe. Et de son premier roman, Le *Chiendent*, à l'un de ses derniers recueils de poèmes, *Le Chien à la mandoline*, Queneau n'a jamais oublié qu'il était ce quenot. C'est à la fois son secret et son obsession.

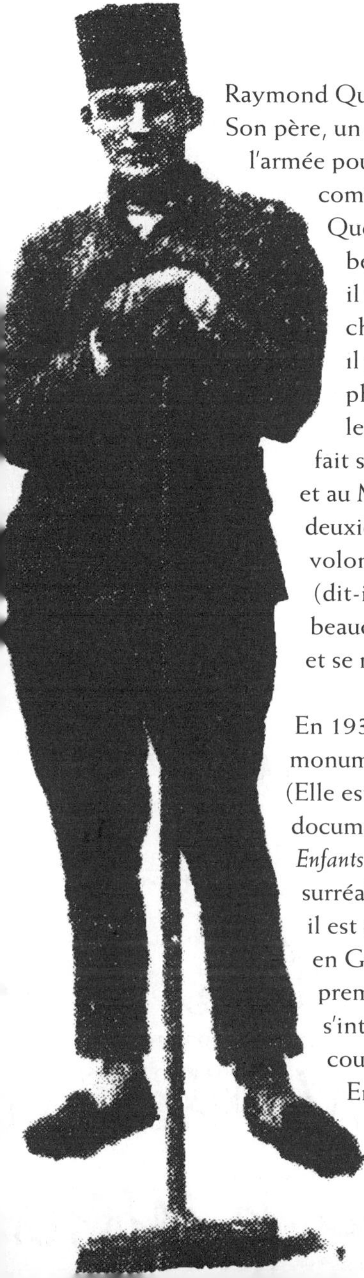

Raymond Queneau est né au Havre en 1903. Son père, un comptable colonial, a quitté l'armée pour tenir avec sa femme un commerce de mercerie. Raymond Queneau est bon élève et déjà il écrit beaucoup. En 1920, il est bachelier, il vient à Paris, tout en habitant chez ses parents à Épinay-sur-Orge, il passe quatre certificats de philosophie. En 1924, il rencontre les surréalistes. Et de 1925 à 1927 il fait son service militaire en Algérie et au Maroc comme zouave de deuxième classe. « J'ai toujours été volontaire pour la corvée de balayage (dit-il à Pierre Bourgeade). J'ai beaucoup balayé. » Il revient à Paris et se marie en 1928.

En 1930, il entreprend une étude monumentale sur les « fous littéraires ». (Elle est impubliable et il utilisera sa documentation pour son roman *Les Enfants du limon*). Il rompt avec les surréalistes (c'est son roman *Odile*), il est employé de banque et il voyage en Grèce en 1932 où il écrit son premier roman, *Le Chiendent*. Il s'intéresse à la politique et suit des cours de sciences religieuses.
En 1934 naît son fils Jean-Marie.

Raymond Queneau en zouave.

Il s'installe à Neuilly en 1936 et il publie un livre tous les ans ; il entre au comité de lecture des éditions Gallimard en 1938. Après la guerre, ses activités se multiplient. En 1949, il devient Satrape du Collège de Pataphysique et collabore au premier numéro de ses *Cahiers* : la science des solutions imaginaires due au génie d'Alfred Jarry était faite pour lui. Il est élu membre de l'Académie Goncourt en 1951. Juliette Gréco chante « Si tu t'imagines... ». On découvre les *Exercices de style* (1947) ; mais c'est *Zazie dans le métro*, en 1959, qui assure son succès auprès du grand public, qui rit peut-être un peu trop fort. Tant mieux, tant pis.

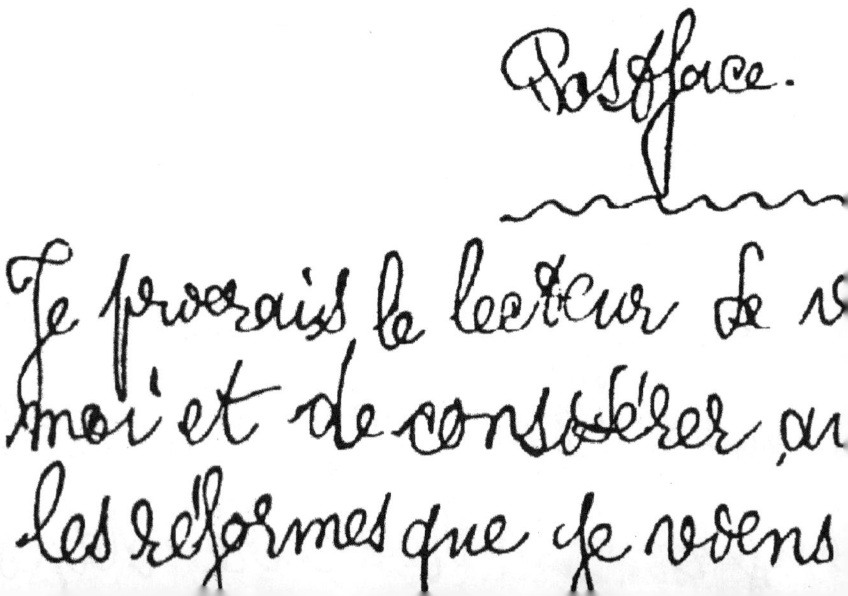

L'OULIPO

En 1961, paraissent les *Cent mille milliards de poèmes*, premier essai de poésie libre-service : à l'aide des sonnets de ce recueil, chaque lecteur peut composer autant de sonnets différents qu'il le désire, pratiquement sans aucune chance de rencontrer le même. L'année précédente, en 1960, Raymond Queneau et François Le Lionnais ont créé l'Oulipo avec quelques scientifiques et quelques écrivains. L'Oulipo (Ouvroir de Littérature potentielle) occupera les quinze dernières années de la vie de Raymond Queneau. Il s'agit moins d'y créer des œuvres (si ce n'est à titre de modèles et d'exemples) que de doter la littérature de formes nouvelles. La rime, le vers alexandrin de douze pieds, le sonnet de quatorze vers sont des contraintes, des structures qui ont été inventées bien avant l'Oulipo. Queneau et ses amis cherchent et trouvent de nouvelles formes tant par le bricolage artisanal qu'à l'aide du calcul et des ordinateurs. Ils prouvent ainsi que tout jeu et tout progrès scientifique et technique se rencontrent un jour sous la forme la plus pure de la littérature et de la poésie. Après avoir publié certains de ses plus beaux livres (*Les Fleurs bleues, Une histoire modèle, Morale élémentaire*), délivré du « quenot » par l'Oulipo, Raymond Queneau le chêne touche « l'instant fatal » en 1976.

François CARADEC

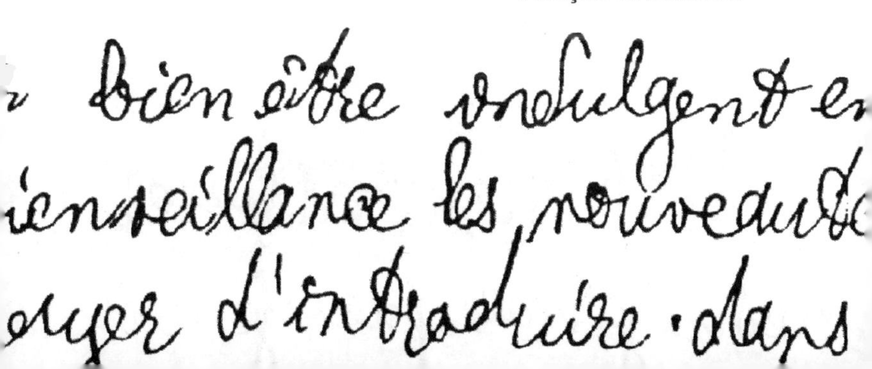

En 1922
étudiant

Pour un art *poétique*

Le soin quotidien du poète est d'écrire des poèmes, comme un pommier produit des pommes. Mais quels poèmes et quel pommier, quelles pommes et quel poète ? Raymond Queneau se pose souvent la question. Les mots sont vivants et leur cœur bat comme celui d'un chien. Alors, d'écrire un poème (tiens en voilà justement un qui passe), ce n'est pas si facile : un poème c'est bien peu de chose, mais il vous glisse entre les doigts.

TENUE DE LA PLUME.

Il faut tenir la plume avec le pouce et les deux premiers doigts de la main droite mollement allongés, les deux derniers doigts doivent être un peu pliés; ils servent à porter

LA CHAIR CHAUDE DES MOTS

Prends ces mots dans tes mains et sens leurs pieds agiles
Et sens leur cœur qui bat comme celui d'un chien
Caresse donc leur poil pour qu'ils restent tranquilles
Mets-les sur tes genoux pour qu'ils ne disent rien

Une niche de sons devenus inutiles
Abrite des rongeurs l'ordre académicien
Rustiques on les dit mais les mots sont fragiles
Et leur mort bien souvent de trop s'essouffler vient

Alors on les dispose en de grands cimetières
Que les esprits fripons nomment des dictionnaires
Et les penseurs chagrins des alphadécédets

Mais à quoi bon pleurer sur des faits si primaires
Si simples éloquents connus élémentaires
Prends ces mots dans tes mains et vois comme ils sont faits

UN ENFANT A DIT

Un enfant a dit
je sais des poèmes
un enfant a dit
chsais des poaisies

un enfant a dit
mon cœur est plein d'elles
un enfant a dit
par cœur ça suffit

un enfant a dit
ils en sav' des choses
un enfant a dit
et tout par écrit

si lpoète pouvait
s'enfuir à tir-d'aile
les enfants voudraient
partir avec lui

Un poème c'est bien peu de chose
à peine plus qu'un cyclone aux Antilles
qu'un typhon dans la mer de Chine
un tremblement de terre à Formose

Une inondation du Yang Tse Kiang
ça vous noie cent mille Chinois d'un seul coup
vlan
ça ne fait même pas le sujet d'un poème
Bien peu de chose

On s'amuse bien dans notre petit village
on va bâtir une nouvelle école
on va élire un nouveau maire et changer les jours de marché
on était au centre du monde on se trouve maintenant
près du fleuve océan qui ronge l'horizon

Un poème c'est bien peu de chose

Adieu ma terre ronde
adieu mes arbres verts
je m'en vais dans la tombe
dire bonjour aux vers
– tout poète à la ronde
peut saboter un vers
moi j'éteins la calbombe
et m'en vais boire un verre

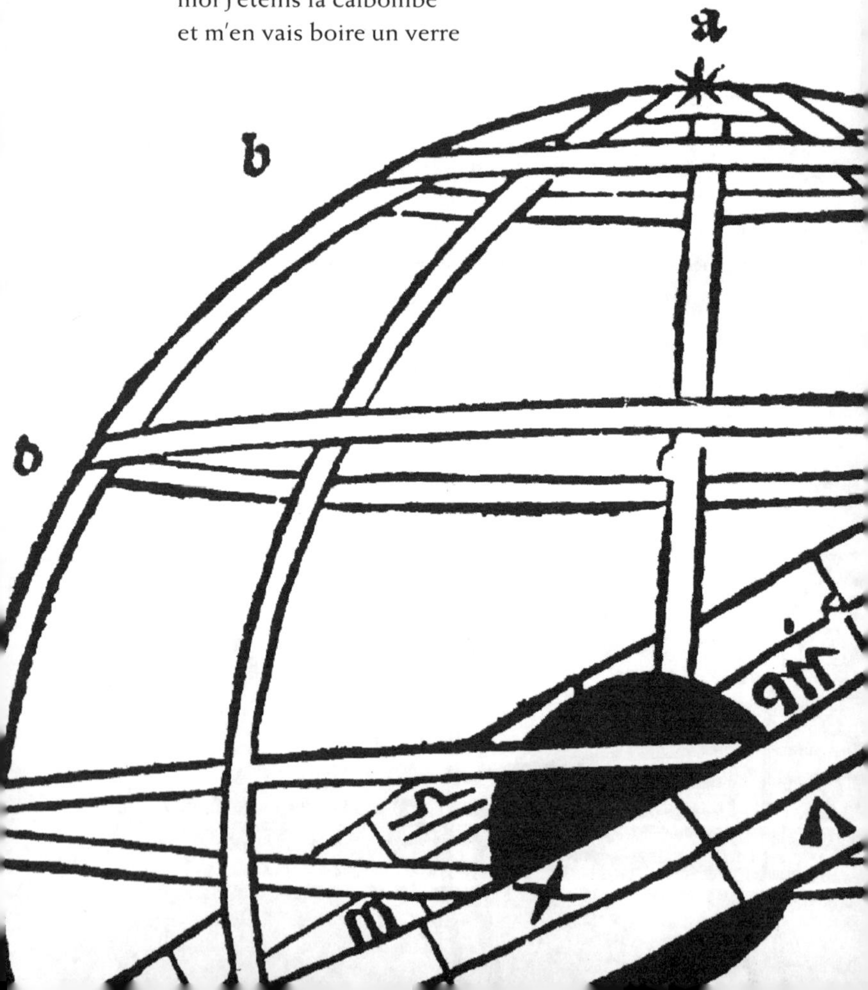

Bien placés bien choisis
quelques mots font une poésie
les mots il suffit qu'on les aime
pour écrire un poème
on sait pas toujours ce qu'on dit
lorsque naît la poésie
faut ensuite rechercher le thème
pour intituler le poème
mais d'autres fois on pleure on rit
en écrivant la poésie
ça a toujours kékchose d'extrême
un poème

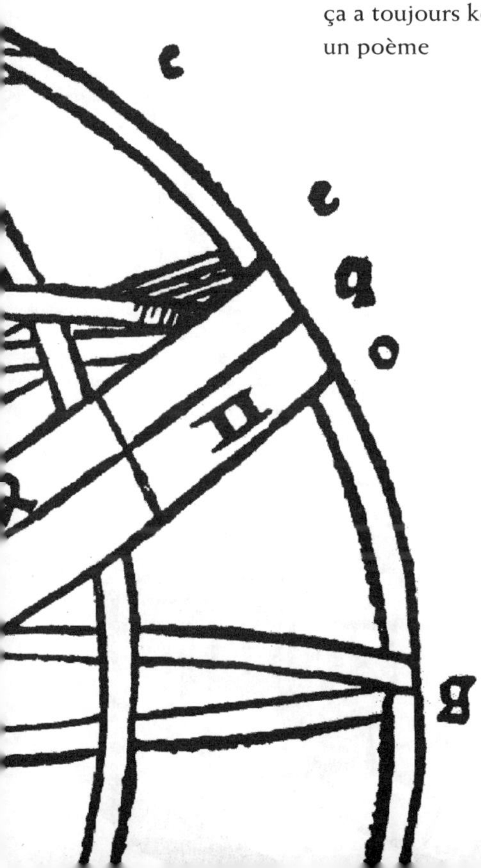

Bon dieu de bon dieu que j'ai envie d'écrire un petit poème
Tiens en voilà justement un qui passe
Petit petit petit
viens ici que je t'enfile
sur le fil du collier de mes autres poèmes
viens ici que je t'entube
dans le comprimé de mes œuvres complètes
viens ici que je t'enpapouète
et que je t'enrime
et que je t'enrythme
et que je t'enlyre
et que je t'enpégase
et que je t'enverse
et que je t'enprose

la vache
il a foutu le camp

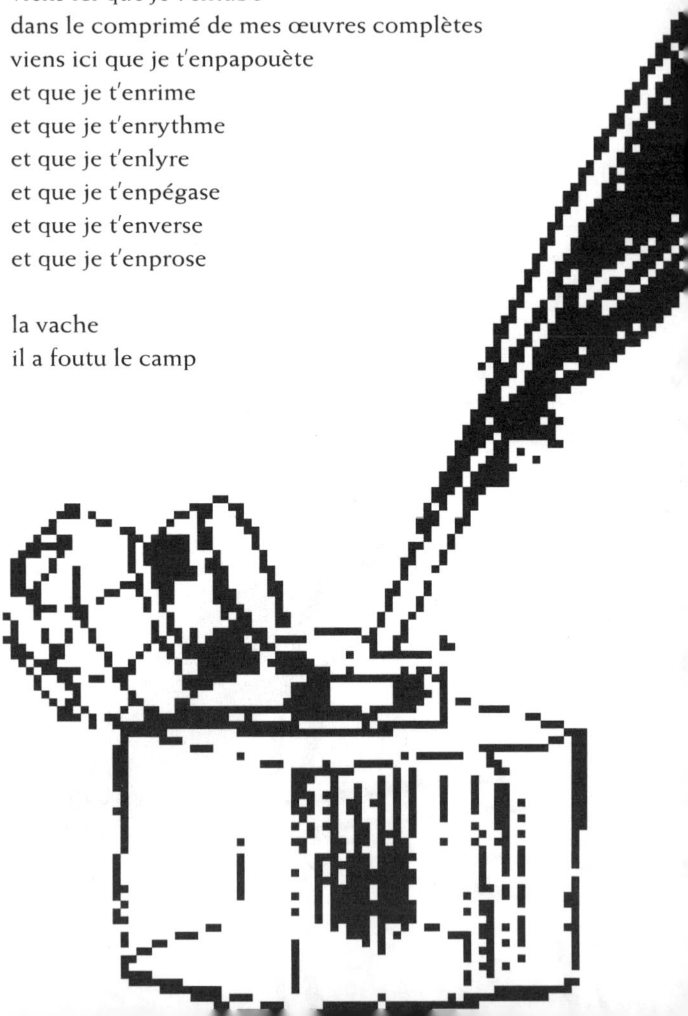

L'encrier noir au clair de lune
l'encrier noir au clair de lune
au clair de la lune un encrier noir
au clair de la lune un encrier noir
au pauvre poète a prêté sa plume
au pauvre poète a prêté sa plume
il fait un peu frais ce soir
au clair de la lune un encrier noir
sur le papier blanc a couru la plume

la plume a couru zen petits traits noirs
une lune blanche un sombre encrier
sont les père et mère de ce nouveau-né
une lune blanche un sombre encrier

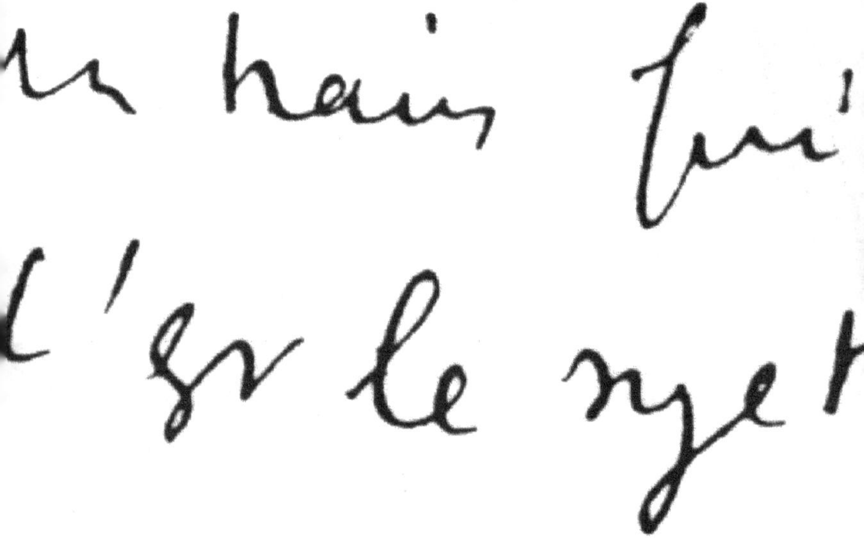

Quand les poètes s'ennuient alors il leur ar-
Rive de prendre une plume et d'écrire un po-
Ème on comprend dans ces conditions que ça bar-
Be un peu quelque fois la poésie la po-
Ésie.

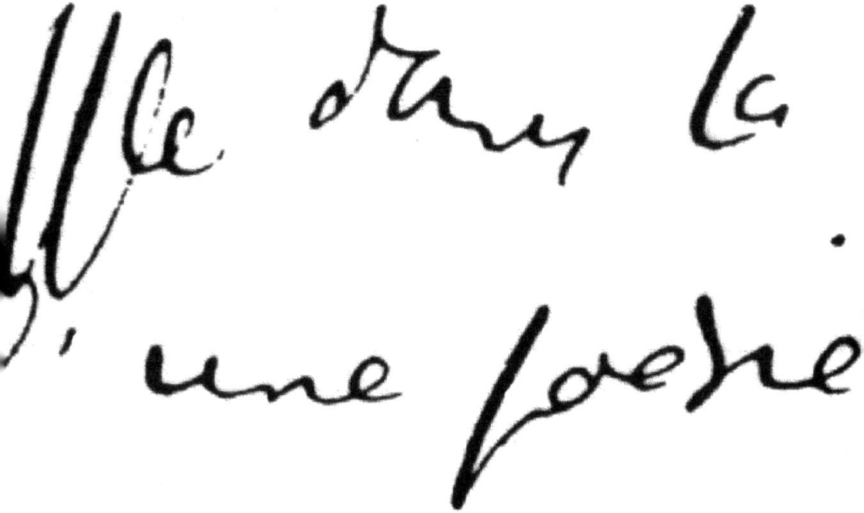

Un train qui siffle dans la nuit
C'est un sujet de poésie
Un train qui siffle en Bohême
C'est là le sujet d'un poème

Un train qui siffle mélod'
Ieusement c'est pour une ode
Un train qui siffle comme un sansonnet
C'est bien un sujet de sonnet

Et un train qui siffle comme un hérisson
Ça fait tout un poème épique
Seul un train sifflant dans la nuit
Fait un sujet de poésie

L'INSPIRATION

De son juchoir
la poule laisse choir
un œuf

c'est une imprudence
un moment d'absence
mais il tombe pouf
dans la paille :
la fermière était prévoyante

combien de poèmes brisés
que ne recueille aucun recueil

POUR UN ART POÉTIQUE

Prenez un mot prenez-en deux
faites-les cuir' comme des œufs
prenez un petit bout de sens
puis un grand morceau d'innocence
faites chauffer à petit feu
au petit feu de la technique
versez la sauce énigmatique
saupoudrez de quelques étoiles
poivrez et puis mettez les voiles

où voulez-vous en venir ?
À écrire
Vraiment ? à écrire ??

ENCORE L'ART PO

C'est mon po — c'est mon po — mon poème
Que je veux — que je veux — éditer
Ah je l'ai — ah je l'ai — ah je l'aime
Mon popo — mon popo — mon pommier

Oui mon po — oui mon po — mon poème
C'est à pro — à propos — d'un pommier
Car je l'ai — car je l'ai — car je l'aime
Mon popo — mon popo — mon pommier

Il donn' des — il donn' des — des poèmes
Mon popo — mon popo — mon pommier
C'est pour ça — c'est pour ça — que je l'aime
La popo — la popomme — au pommier

Je la sucre — et j'y mets — de la crème
Sur la po — la popomme — au pommier
Et ça vaut — ça vaut bien — le poème
Que je vais — que je vais— éditer

LE TRAVAIL CONTINU

À l'ombre du mot tilbury
se reposait un soir de juin
un homme qui tentait d'enter
un vers marron sur de la prose
Cette opération monstrueuse
l'occupait de telle façon
qu'il ne vit point passer la phrase
qui l'aurait tiré d'embarras
Il s'acharnait en grommelant
cependant que sous le ciel rose
la lune d'un pas turbulent
traversait des nuages lyriques
Lorsque l'entracte fut fini
l'horticulteur pédagogique
remit dans l'ombre le lexique
et saisissant sa douce hie
il se pencha de nouveau sur
son travail presque minéral
Paveurs Pavés êtes ainsi
lorsque tombe le crépuscule
l'écho des poètes passés
dans cette rue presque nocturne

par R. Que

SUR UN PETIT AIR DE FLÛTE

Dans les temps bucoliques
le poète se disait doué de pouvoir magiques
tout en se demandant avec inquiétude
où vais-je chercher toutes ces belles choses ?
suis-je une petite machine
qui rédige consciencieusement ce qui lui a été programmé ?
heureusement qu'il y a les ratures
ce qui donne le droit de parler de littérature

LA BROUETTE

Commères de tout ce qui se passe au large les mouettes
crient papa maman au-dessus du bastingage
elles dansent dans le ciel pour accompagner la brouette
qui navigue non loin du port avec roulis et tangage.

Une brouette que vient faire une brouette sur ce papier
a-t-on jamais vu brouette chevaucher les vagues maritimes
et pourtant elle apparaît au bout du crayon conté
qui la dessine sur les eaux avec une obstination enfantine

Qu'est-ce que cela veut dire À coup sûr cette énigme
réclame un sens profond au poète étonné
s'envolant comme mouette au-dessus des paradigmes
il n'en pousse pas moins la brouette rimée

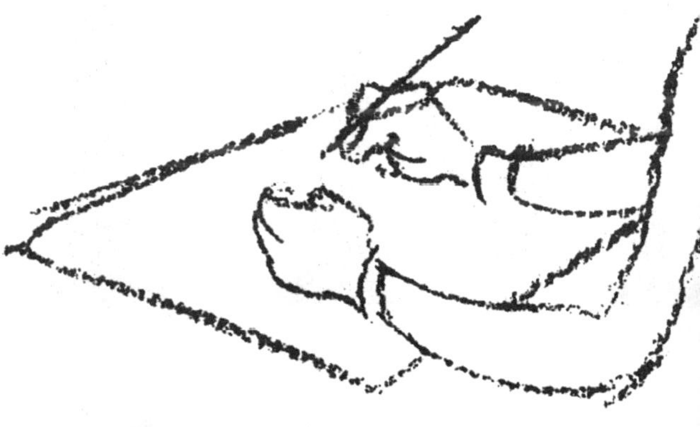

LE POUR ET LE CONTRE

un petit oiseau gris
avec des manchettes
chante
miaou miaou
eh oui ce n'était pas un zoizeau c'était un chat
voilà ce que c'est que d'écrire trop vite
quand on écrit trop vite faut compter sur la chance
sur l'inspiration
on peut très bien errer
et pourtant et pourtant c'est pourtant là ce que je voulais dire
ce petit oiseau gris avec des manchettes
il parlait chat

MIA

MINET

L'ÉCOLIER

J'écrirai le jeudi j'écrirai le dimanche
    quand je n'irai pas à l'école
j'écrirai des nouvelles j'écrirai des romans
    et même des paraboles
je parlerai de mon village je parlerai de mes parents
    de mes aïeux de mes aïeules
je décrirai les prés je décrirai les champs
    les broutilles et les bestioles
puis je voyagerai j'irai jusqu'en Iran
    au Tibet ou bien au Népal
et ce qui est beaucoup plus intéressant
    du côté de Sirius ou d'Algol
où tout me paraîtra tellement étonnant
    que revenu dans mon école
je mettrai l'orthographe mélancoliquement

Le chasseur revient de la forêt, le pêcheur de la rivière, le laboureur de son champ, la ménagère du marché, le passeur de l'autre rive, le jockey de l'hippodrome, le sergent de ville de sa ronde, le pharmacien de son laboratoire, le sportif du stand de tir, l'architecte du chantier, l'ordonnateur des pompes funèbres du cimetière. Celui qui ne revenait de nulle part trace alors sur des substances diverses des signes où l'ordonnateur des pompes funèbres reconnaît le défunt, l'architecte la maison, le tireur la cible, le pharmacien le mortier, le sergent de ville le pont-levis,
le jockey le cheval, le passeur la barque,
la ménagère viandes, fruits et légumes,
le laboureur la charrue, le pêcheur
le poisson, le chasseur le gibier.
Tout le monde s'arrête
brusquement devant une
telle performance (...)

LA MAIN À LA PLUME

J'écrirai des poèmes
sur le lait le beurre la crème
j'écrirai des odes en vers heptasyllabiques
sur les vaches les brebis les biques
j'écrirai des myriades de myriades de sonnets
sur le vent qui couche les lourds épis de blé
j'écrirai des chansons
sur les mouches et les charançons
j'écrirai des sextines
sur les fonds de jardin où se mussent les latrines
j'écrirai des phrases obscures
sur l'agriculture
j'utiliserai des métonymies et des métaphores
pour parler de la vie des porcs et de leur mort
j'utiliserai l'assonance et la rime
pour parler des prés, de la forêt, de la campagne
j'écrirai des poèmes
la main sur la charrue du vocabulaire

Autoportra

Les Ziaux

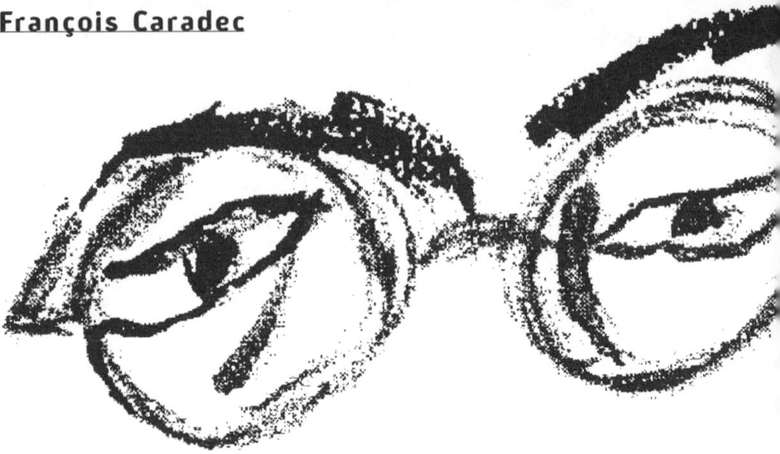

Un poème, c'est plein de mots, c'est plein de sons. Et seulement 26 lettres dans notre alphabet pour tous les écrire ! Les mots mêlent leurs phonèmes – les eaux, les yeux, les ziaux – et l'orthographe s'en mêle aussi. Pourquoi donc écrire : « *moi, je maigris du bout des doigts* », *alors que tout le monde* dit : « *moi jmégris du bout des douas* »? *Raymond Queneau n'hésite jamais : ilécricomiparle*

LES ZIAUX

les eaux bruns, les eaux noirs, les eaux de merveille
les eaux de mer, d'océan, les eaux d'étincelles
nuitent le jour, jurent la nuit
chants de dimanche à samedi

les yeux vertes, les yeux bleues, les yeux de succelle
les yeux de passante au cours de la vie
les yeux noires, yeux d'estanchelle
silencent les mots, ouatent le bruit

eau de ces yeux penché sur tout miroir
gouttes secrets au bord des veilles
tout miroir, toute veille en ces ziaux bleues ou vertes
les ziaux bruns, les ziaux noirs, les ziaux de merveille

LE DÉBUT ET LA FIN

Au petit jour naît la petite aube, la microaube
puis c'est le soleil bien à plat sur sa tartine
il finit par s'étaler, on le bat avec le blanc des nuages
et la farine des fumées de la nuit
et le soir meurt, la toute petite crêpe, la crépuscule

LENTILLES VERT ÉMERAUDE

Au marché je lis
Lentilles vert émeraude

je reviens sur mes pas
et je lis
Lentilles vertes Eure-et-Loir

une troisième fois
qu'aurais-je lu
je ne sais pas

L'IGNORANCE TROUBLÉE

Un amas de fortifs crancieux et vorcifrogne
Adhère à la tourelle au tourouss au tournain
C'est un chien qui balaise et qui glape et qui grogne
Un animal obscur imbibé de tintouin

Foncieux et calcalar odieux et presque arogne
Tel était le semeur de graines de sainfoin
Il faisait bon marcher au joli clair de logne
Nous étions des zazors plus heureux que le coing

Quand irons-nous nicher au croucrou des femelles
le froulb emmitouflé de cuirs et de flanelles
Nul ne le sait Pas moi Ni l'autre Ni quelqu'un

Quand irons-nous raper tout en haut des venelles
La pierre épaisse et dure offerte aux viganelles
Toi peut-être On ne sait Vraiment on ne sait point

SI TU T'IMAGINES

Si tu t'imagines
si tu t'imagines
fillette fillette
si tu t'imagines
xa va xa va xa
va durer toujours
la saison des za
la saison des za
saison des amours
ce que tu te goures
fillette fillette
ce que tu te goures

Si tu crois petite
si tu crois ah ah
que ton teint de rose
ta taille de guêpe
tes mignons biceps
tes ongles d'émail
ta cuisse de nymphe
et ton pied léger
si tu crois petite
xa va xa va xa
va durer toujours
ce que tu te goures
fillette fillette
ce que tu te goures

les beaux jours s'en vont
les beaux jours de fête
soleils et planètes
tournent tous en rond
mais toi ma petite
tu marches tout droit
vers sque tu vois pas
très sournois s'approchent
la ride véloce
la pesante graisse
le menton triplé
le muscle avachi
allons cueille cueille
les roses les roses
roses de la vie
et que leurs pétales
soient la mer étale
de tous les bonheurs
allons cueille cueille
si tu le fais pas
ce que tu te goures
fillette fillette
ce que tu te goures

MAIGRIR

I

Y en a qui maigricent sulla terre
Du vente du coq-six ou des jnous
Y en a qui maigricent le caractère
Y en a qui maigricent pas du tout
Oui mais
Moi jmégris du bout des douas
Oui du bout des douas Oui du bout des douas
Moi jmégris du bout des douas
Seskilya dplus distinglé

II

Lautt jour Boulvar de la Villette
Vlà jrencontre le bœuf à la mode
Jlui dis Tu mas l'air un peu blett
Viens que jte paye une belle culotte
Seulement jai pas pu passque
Moi jmégris du bout des douas
Oui du bout des douas Oui du bout des douas
Moi jmégris du bout des douas
Seskilya dplus distinglé

III

Dpuis ctemps-là jfais pus dgymnastique
Et jmastiens des sports dhiver
Et comme avec fureur jmastique
Je pense que si je persévère
            Eh bien
Jmégrirai du bout des douas
Oui du bout des douas. Oui du bout des douas
Jmégrirai même de partout
Même de lesstrémité du cou

LA PENDULE

I

Je mbaladais sulles boulevards
Lorsque jrencontre lami Bidard
Il avait lair si estomaqué
Que jlui ai dmandé dsesspliquer
                    Eh bien voilà me dit-il
Jviens davaler ma pendule
Alors jvais chez lchirurgien
Car jai une peupeur de chien
Que ça mtombe dans les vestibules

II

Un mois après jrevois mon copain
Il avait lair tout skia dplus rupin
Alors je suis été ltrouver
Et jlavons sommé dsesspliquer
                    Eh bien voilà me dit-il
Jgagne ma vie avec ma pendule
J'ai su lestomac un petit cadran
Je vends lheure à tous les passants
En attendant qujai lcadran sulles vestibules

III

À la fin ltype issuissuida
Lossquil eut vu qupersonne lopéra
Et comme jarrivais juste sul chantier
Moi je lui ai demandé qui vienne sesspliquer
Eh bien voilà me dit-il
Jen avais assez davoir une pendule
Ça mempêchait ddormir la nuit
Pour la remonter fallait mfaire un trou dans ldos
Jpréfère être pendu qupendule

VI

Lorsquil fut mort jvais à son enterrement
Cétait lmatin ça mennuyait bien
Mais lorsqui fut dans ltrou ah skon rigola
Quand au fond dla bière le septième coup dmidi tinta
Eh bien voilà voilà voilà
Il avait avalé une pendule
Ça narrive pas à tous les chrétiens
Même à ceux quont un estomm de chien
Et du cœur dans les vestibules

IXATNU SIOFNNUT I AVAY

Y avait une fois un taxi
taxi taxi taximètre
qui circulait dans Paris
taxi taxi taxi cuit

il aimait tant les voyages
taxi taxi taximètre
qu'il allait jusqu'en Hongrie
taxi taxi taxi cuit

et qu'il traversait la Manche
taxi taxi taximètre
en empruntant le ferry
taxi taxi taxi cuit

un beau jour il arriva
taxi taxi taximètre
dans les déserts d'Arabie
taxi taxi taxi cuit

il y faisait tellment chaud
taxi taxi taximètre
que sa carrossrie fondit
taxi taxi taxi cuit

et de même le châssis
taxi taxi taximètre
et tous les pneus y compris
taxi taxi taxi cuit

chauffeurs chauffeurs de taxi
taxi taxi taximètre
écoutez cette morale
taxi taxi taxi cuit

lorsque vous quittez Paris
taxi taxi taximètre
emportez un parapluie
taxi taxi taxi cuit

parapluie ou bien ombrelle
taxi taxi taximètre
un mot est bien vite dit
taxi taxi taxi cuit

MEN AT WORK

Vingt messieurs habillés de gris
regardaient réparer l'asphalte
vingt messieurs habillés de gris
badaudaient un jour à Paris

Vingt terrassiers leur disent halte
ne troublez pas les cantonniers
vingt terrassiers leur disent halte
laissez-nous réparer l'asphalte

Trente pigeons qui roucoulaient
en gonflant leur gorge de smalt
trente pigeons qui roucoulaient
prennent peur des vingt cantonniers

Trente agents au front de basalte
s'écrient : circulez ! circulez !
trente agents au front de basalte
en moins de rien nettoient l'asphalte

Vingt messieurs habillés de gris
plus fiers que mille barons baltes
vingt messieurs habillés de gris
vont badauder ailleurs qu'ici

Vingt terrassiers alors font halte
car il est temps de déjeuner
vingt terrassiers alors font halte
cassant la croûte sur l'asphalte

Vingt autres messieurs très bien mis
dans des vestons couleur cobalt
vingt autres messieurs très bien mis
attendent que ce soit fini

Vingt terrassiers alors s'exaltent
car il est temps de travailler
vingt terrassiers alors s'exaltent
en cassant la croûte d'asphalte

Quatre cents messieurs très bien mis
regardaient réparer l'asphalte
quatre cents messieurs très bien mis
badaudaient un jour à Paris

Sabre de bois de paille et d'herbe et de farine
fusils de sureau creux et canons d'osier brut
toute cette armée attend la naissance
des petits enfants

ombres et poids et larmes et suées
le lit percuté par la morve et les pots
se traînant à travers les moutons de poussière
errant entre les pieds des chaises lourdement chargées
un être est là bêlant
un enfant un tout petit enfant

les autres ont compris et le ciel a compris
et les moustaches austères et les fonds de culotte
ont compris et les poêles gonflés à blanc à bloc
qui soufflent sans fumer ont compris

ils ont compris les autres et le grand-papa
qui a compris zossi
pour l'enfant dit
sabre de bois de paille et d'herbe et de farine
fusil sur l'épaule et casque en tête

et l'enfant
vaincu
entre
à
l'école

plus tard
il
en
sort

il
écrit
des
poèmes
alors
parfois

sur un sujet
qui
en
vaut
bien
un autre

un comme celui-là deux points
sabre de bois
sabre de bois
sabre de bois
sabre de bois de paille et d'herbe et de farine

IL PLEUT

Il pleut sur la bergère
il pleut sur les moutons
j'entends la locotière
et j'entends les wagons

dans le fond du vallon
tout juste une prairie
j'aperçois un wagon
une locomotrie

il pleut sur la bergère
il pleut sur les wagons
c'est le progrès sorcière
la civilisation

HOMMAGE À TRISTAN CORBIÈRE

Un petit bateau va mettre ses voiles
les nuages courant chassent les étoiles
et la lune plonge au fond de la suie
Il pleut sur la mer au cœur de la nuit

La vague se casse expulsant sa moelle
contre la jetée où le phare luit
Un petit bateau va mettre ses voiles

La ville s'endort sans le moindre bruit
dans les draps de lin gonflés par l'ennui
Un petit bateau va mettre ses voiles

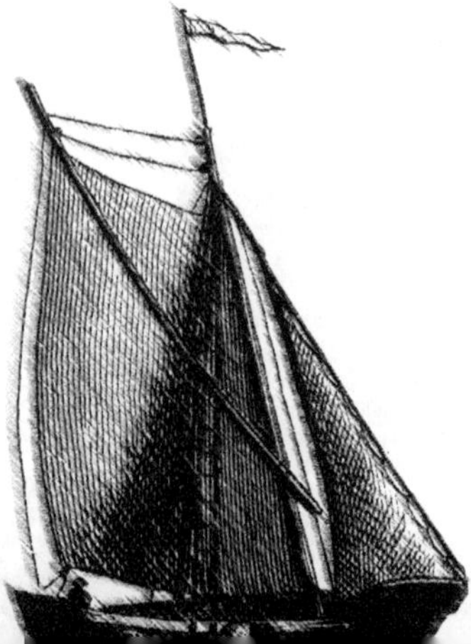

L'AVENTURE

Les trois-mâts qui se balancent
dans ce grand port de la Manche
n'emporteront pas l'écolier
vers les îles des boucaniers

jamais jamais jamais
il n'eut l'idée de se glisser
à bord du trois-mâts qui s'élance
vers le golfe du Mexique

il le suit sur la carte
qui bellement se déplace
avalant les longitudes
vers Galveston ou Tampico

Il a le goût de l'aventure
l'écolier qui sait regarder
de si beaux bateaux naviguer

sans y mettre le pied
sans y mettre le pied

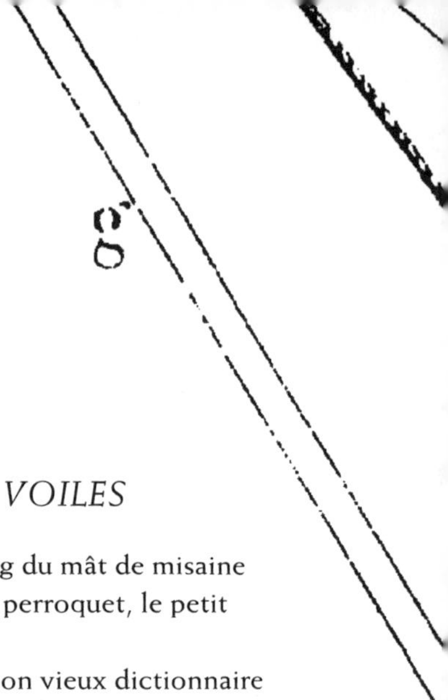

LA MARINE À VOILES

Après avoir descendu tout le long du mât de misaine
et salué le petit cacatois, le petit perroquet, le petit
volant et le petit hunier
le marin de terre sèche salue le bon vieux dictionnaire
qui lui donne l'image du voilier trois-mâts avec ses principaux agrès
il s'embarque avec son sac et se présente au capitaine
le voilà médecin de bord (pourquoi pas) pendant cette traversée
on fera le tour du monde en longeant les terres lointaines
on verra souffler les blanches baleines
et l'on reviendra en se promenant à travers l'Océanie
on restera si l'on ne sombre au moins trois ans partis
au retour on retrouvera les enfants grandis
regardant avec joie dans leur dictionnaire
la figure majestueuse du voilier trois-mâts avec ses principaux agrès

Fig 170

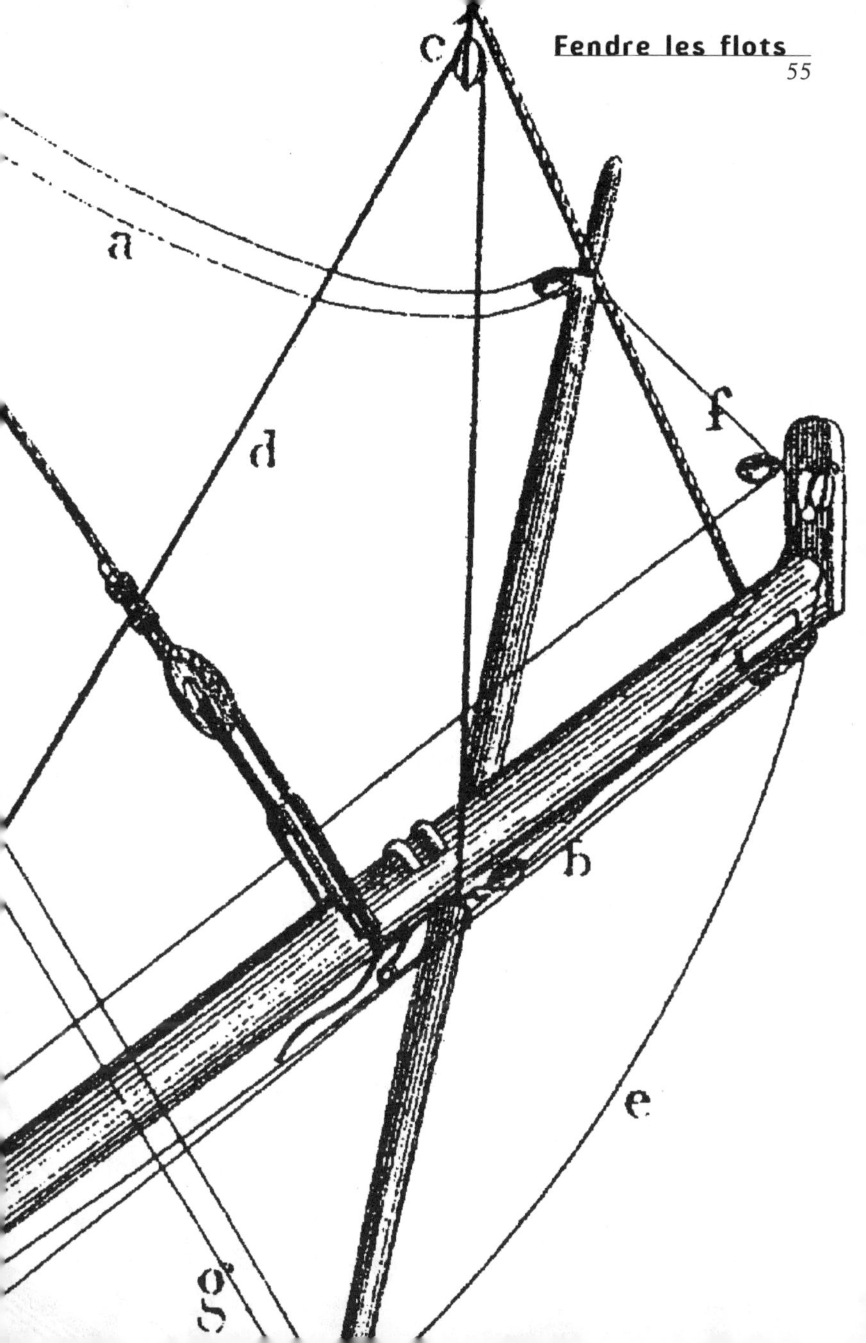
c
a
d
f
b
e
g

L'OUÏE FINE

Les poissons parlent quel charivari
on ouvre les ouïes pour entendre
leurs discours océaniens
on n'entend rien
il faut avoir l'oreille maritime
pour percevoir ce que ces vertébrés expriment
sinon l'on n'entend rien
que le cri des mouettes
la sirène d'un navire le ressac
et les galets roulés

PAUVRE TYPE

Toto a un nez de chèvre et un pied de porc
Il porte des chaussettes
en bois d'allumette
et se peigne les cheveux
avec un coupe-papier qui a fait long feu
S'il s'habille les murs deviennent gris
S'il se lève le lit explose
S'il se lave l'eau s'ébroue
Il a toujours dans sa poche
un vide-poche

Pauvre type

POÈME ASSEZ SÉRIEUX AVEC DES POINTS DE SUSPENSION

Tout cela n'est pas très sérieux
. . . .
. . . .
. . . .
. . . .
. . . .
On se demande quoi
. . . .
. . . .
. . . .
. . . .
Ils se demandent quoi
. . . .
. . . .
. . . .
Tu te demandes quoi
. . . .
. . . .
Nous nous demandons quoi
. . . .
Oui c'est bien ce que je disais
tout cela est assez sérieux

AFFREUX MUR

Affreux mur
affreux voyage
affreuse nuit

où-suis-jur?
où suis-joye?
Où suis-juis?

nulle part
nul pur
nulle page
nul puits

un jeu simple
que j'invimple
dans la nuimple

Avec André Blavier, rue de l'Université

COURIR
LES RUES

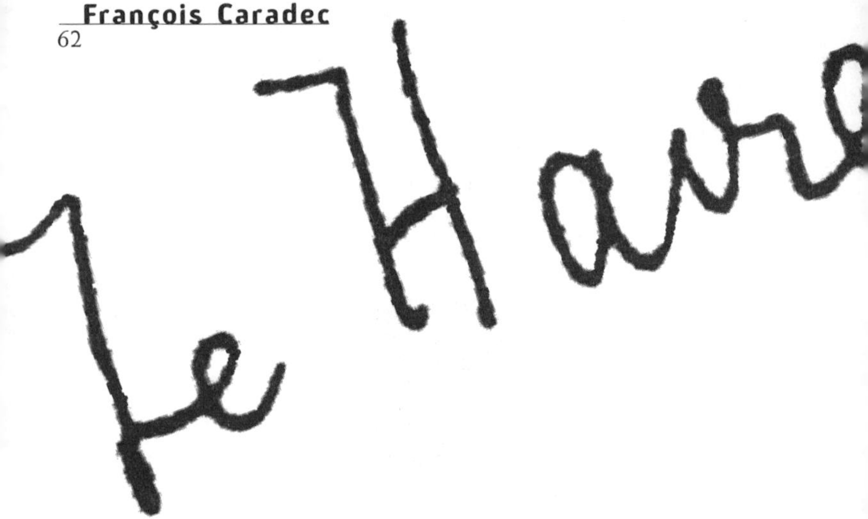

Raymond Queneau est né au Havre, dans une ville au bord de la mer. Il n'aime pas la campagne : il préfère courir les rues de Paris, sa ville d'adoption. Il aime les noms des rues, les petits métiers qui vont disparaître, la tour Eiffel, l'autobus et le métro. Raymond Queneau n'a jamais eu d'auto – et bing et poum et bing et pan – il préfère aller à pied avec son chien et regarder les balayeurs qui mettent un peu d'ordre dans les ordures du monde occidental.

L'AMPHION

Le Paris que vous aimâtes
n'est pas celui que nous aimons
et nous nous dirigeons sans hâte
vers celui que nous oublierons

Topographies ! itinéraires !
dérives à travers la ville !
souvenirs des anciens horaires !
que la mémoire est difficile...

Et sans un plan sous les yeux
on ne nous comprendra plus
car tout ceci n'est que jeu
et l'oubli d'un temps perdu

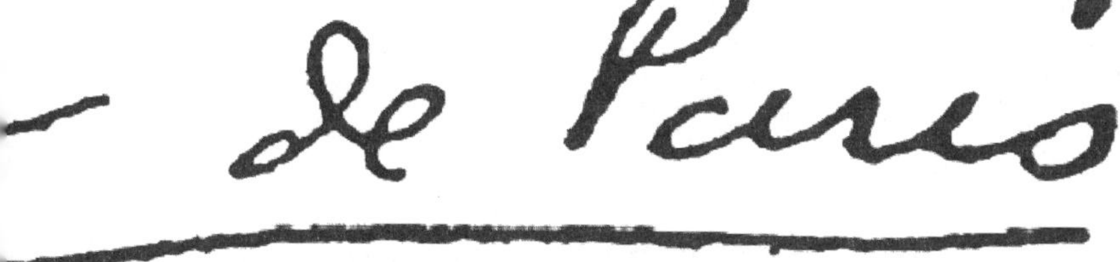

DITES-MOI ZOÙ

Où sont les porteurs d'eau ?
où sont les petits savoyards ?
un jour on demandera où sont les mécanos
les motards les chauffards

ils seront tous partis
dans le passé

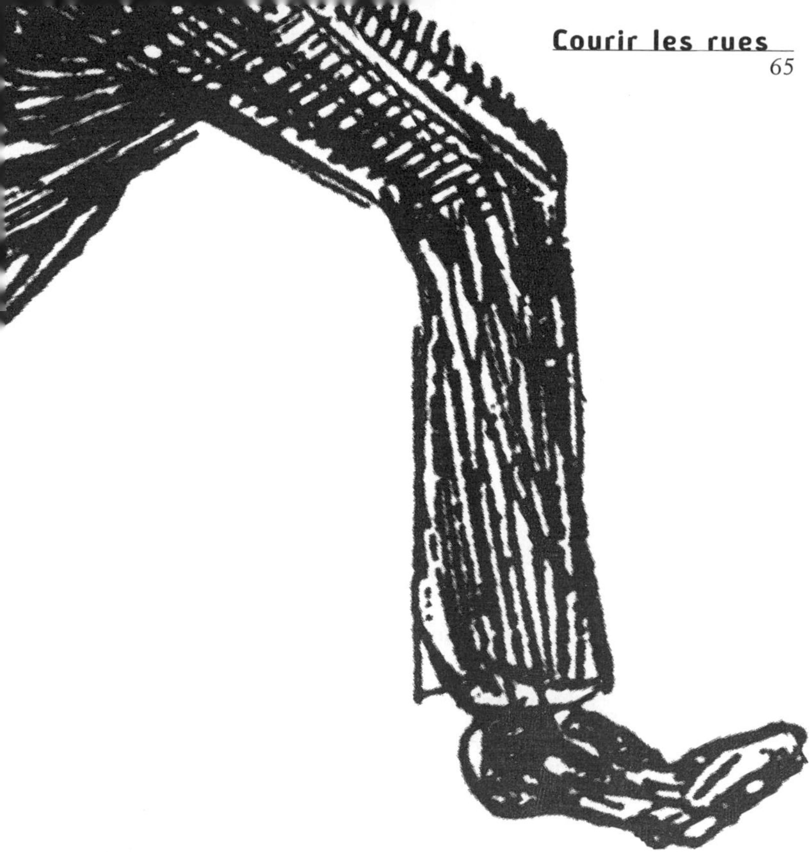

CRIS DE PARIS

On n'entend plus guère le repasseur de couteaux
le réparateur de porcelaines le rempailleur de chaises
on n'entend plus guère que les radios qui bafouillent
des tourne-disques des transistors et des télés
ou bien encore le faible aye aye ouye ouye
que pousse un piéton écrasé

PASSÉS FUTURS

Le repasseur de couteaux
existe encore avec sa petite cloche
le marchand de journaux
avec sa sacoche
un jour on ne les verra plus
encore des métiers foutus

NOCTURNE

Quand j'ai dansé jusqu'à minuit
la cornemuse a mis ses bottes
quand j'ai payé pour un ouisqui
le revolver a mis sa cape
quand j'ai réclamé un taksi
le réverbère a mis son col
quand j'ai traversé tout Paris
la lune a mis sa veste blanche
et quand je fus près de Neuilly
je mis mes jambes à mon cou

DANS L'ESPACE

On dirait que kékchose se passe
En fait il ne se passe rien
Un autobus écrase un chien
Des badauds se délassent
Il va pleuvoir
Tiens tiens

ACOUSTIQUE

Un enfant pleure
une radio crie
une auto freine
une moto pète
un marteau frappe
une hie ronfle
un bus passe
et pourtant il y a encore dans l'espace
des pans
qui ne bougent pas

Rue du

Rue

Rue des Bons Enfa

Rue

Colbert

VOIES

Il y a des rues qui sont des tubes
et des qui sont des arceaux
y a des boulevards qui sont moches
d'autres des broches
sur quoi s'enfilent les autos
il y a des places dodécagonales
certaines proprement infernales
y a des avenues en forme de saucisson
quelques-unes où courent les hannetons
y a des canaux comme à Venise
des îles comme en Frise
des ponts des impasses des quais
des cours des chaussées des allées
quelle quelle quelle variété dans la voirie
de la ville de Paris

Mail

Rue Vivienne

UNE FACILITÉ DE PENSÉE

Toute rue est une caverne
aisément l'on s'en convaincra
en y réfléchissant une journée entière

toute rue est une grotte
aisément l'on s'en convaincra
en y réfléchissant une année entière

toute rue est une rue
aisément l'on s'en convaincra
en y réfléchissant un peu de temps en temps

PLACE DES

RUE VOLTA

La petite échoppe ancienne
au cinq de la rue Volta
rareté électricienne
dont le nom s'égara là
garala garala
garala pile à Volta

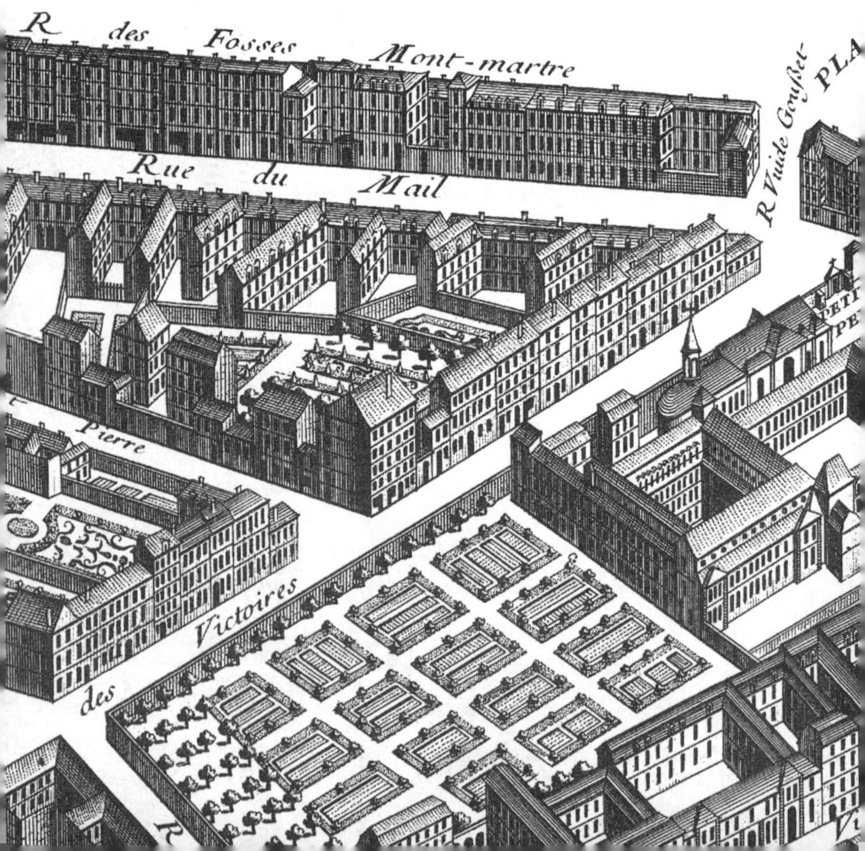

LA RUE GALILÉE

Pourquoi n'a-t-on jamais chanté
        la rue Galilée
la rue Galilée pleine de dahlias
la rue Galilée pleine d'hortensias
la rue Galilée aux nobles frontons
la rue Galilée aimée des piétons
la rue Galilée bordée de canaux
la rue Galilée chérie des autos
la rue Galilée terriblement belle
la rue Galilée qui est vraiment celle
        qu'il me faut chanter
        en prose et en vers
        à tout l'Univers
        la rue Croix-Nivert

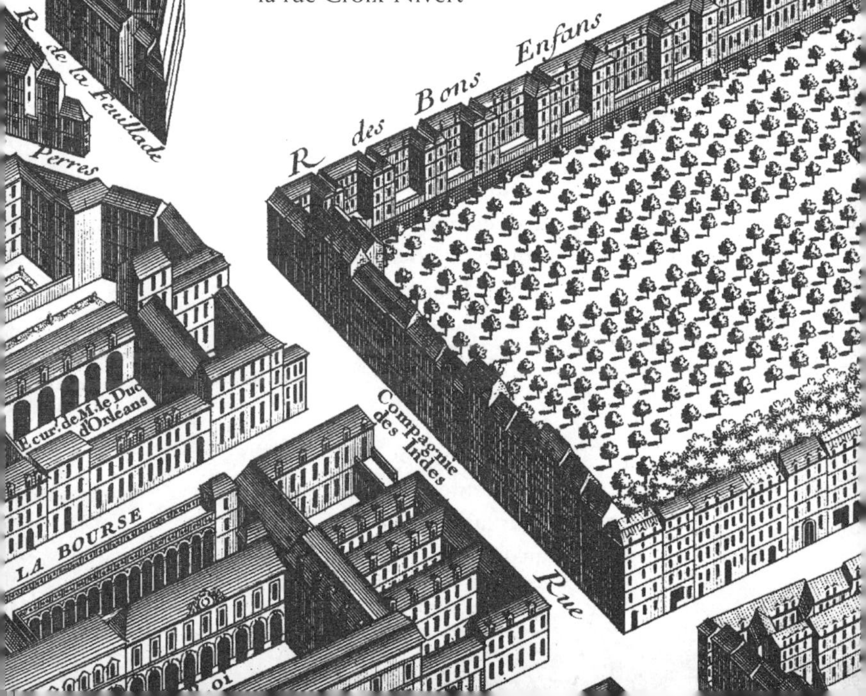

RUE CHOSE

Il y a trois escafilottes
trois escarbeilles
trois escasses
trois escaumes
trois escaupilles
trois esquipots
trois estamenaires
trois éteufs
trois étibois
trois etnettes
trois étresses
trois éventions
soit trente-six trucs
dans la rue de la rue de la rue
qu'on ne parvient pas à nommer

LE PÉTUN DU TITI

Que me dis-tu de ton passé
enfant qui traverses à la nage
le boulevard des Italiens

Je me souviens des poètes
qui fumaient là
leur cigare

Que me dis-tu de ton présent
enfant qui traverses à la nage
la place Saint-Germain-des-Prés

Je me souviens des philosophes
qui fumaient là
leur pipe

Que me dis-tu de ton futur
enfant qui traverses à la nage
le rond-point des Champs-Élysées

Je me souviens des journalistes
qui fumaient là
leur cigarette

Enfant, enfant, n'aurais-tu donc
n'aurais-tu que des souvenirs ?

Hier, aujourd'hui, l'avenir
pour moi c'est le même tabac

36.

IL FAUT FAIRE SIGNE AU MACHINISTE

La dame attendait l'autobus
le monsieur attendait l'autobus
passe un chien noir qui boitait
la dame regarde le chien
le monsieur regarde le chien
et pendant ce temps-là l'autobus passa

LES PROBLÈMES DE LA CIRCULATION

Il a pris sa voiture les pigeons avaient chié dessus
et puis il a fait du cinq de moyenne
pendant des heures et des heures
il a éraflé une aile
il a bosselé son pare-chocs
on lui a craché sur son pare-brise
et il a attrapé cinq contraventions

ah qu'il ah qu'il ah qu'il est content
d'avoir promené sa bonne ouature
si elle lui a coûté tellment d'argent
c'est pas pour en faire des confitures
et bing et poum et bing et pan

LES ENTRAILLES DE LA TERRE

La bonne et douce chaleur du métro
dehors il pleut il vente il neige
il y a du verglas il y a de la boue
il y a des ouatures qui veulent vous mordre
et puis voilà le métro qui vous attend la bouche ouverte
oh ! la bonne la douce haleine
on descend gaiement l'escalier
il fait de plus en plus chaud
on oublie la pluie le vent la neige
le verglas la boue les ouatures
une femme charmante ou un bon noir
fait un petit trou bien rond
dans votre rectangle de carton
et vous voilà bien au chaud
dans la bonne et douce chaleur du métro

LES CITERNES

Au milieu des terrains désertés
parmi la suie des soies brûlées
auprès de la bourse des valeurs
non loin des piliers du crépuscule
sous le cadran des équinoxes
par-delà les gelées blanches du temps
au fond de l'œil des quatre coins
au centre du métropolitain
                    il y a les citernes

LES PAUVRES GENS

Dans les toilettes du métro
à la station Palais-Royal
on peut lire ces quelques mots
ça me paraît monumental

l'usage de cette cabine
est strictement réservé
aux économiquement faibles
et aux indigents notoires

Huit pieds sept pieds
Huit pieds sept pieds
c'est un quatrain
très verlainien

VILLE
I
Terrassé par les habitudes
de maux qui tentent d'ab
le pauvre dans sa solit
attend le moment de p

pour des cieux des
où nul [redacted]
l'inquiétude d'un
à la honte d'un

Plaies des
l'hiver es
le long, d
adosse

comm
à cer
des

LA TOUR L'HIVER

La tour pâlit sous la neige
et sur les statistiques il tombe des flocons
malgré la vanité de la chose
je cherche à comprendre pourquoi

pourquoi

pourquoi tout cela n'est pas noir, bien noir

à peine un peu gris

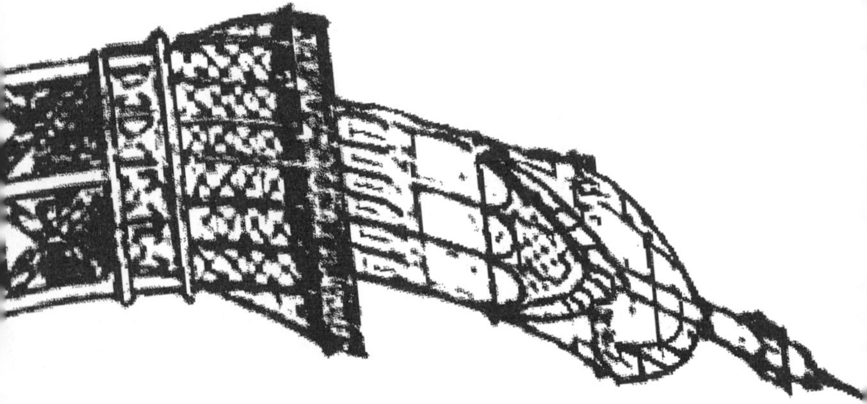

LA TOUR TRANSLATOIRE

La Tour Eiffel perd ses cheveux
ce sont les fils de la Vierge
le Christ aussi est fils de la Vierge
allez me traduire ça en anglais !

LA TOUR SQUELETTIQUE

Tour Eiffel d'ossements
catacombes aériennes
tibias escaliers
et à trois cents mètres au-dessus du sol
le crâne antenne
qui ne parle que pour l'écoute

LE QUAI LEMBOUR

Au bout du quai d'Austerlitz
on crie : il faut se taire, Liszt
au bout du quai de Béthune
y a peut-être une bête, une !
au bout du quai dit d'Anjou
un sale type vous met en joue
au bout du quai de l'Horloge
frissonne qui dehors loge
au bout du quai Arouet-Voltaire
des pigeons qui volent errent
au bout du quai de Passy
on donne le la et pas si
au bout du quai du Point-du-Jour
aube, où duc est ?
aube, où duc est ?

GENÈSE D'UN ZOO

Au lieu de s'arrêter sur l'Ararat
l'arche se retrouva
sur le fleuve Seine
et finalement échoua
du côté de Vincennes
les animaux on y lâcha
paisibles ils restèrent là
habitués qu'ils étaient
à leur sécurité
patriarcale
De l'Éden, se dit Noé, cela fera l'image
avec des fils de fer et des cages
pauvre image
mais tout de même une image
succursale
testimoniale
et il fonde un Jardin Zoologique
un peu paradis, un peu prison, un peu mélancolique

LOIN DES TROPIQUES

C'est tout un art de balayer
c'est un métier digne d'estime
les ruisseaux comme des torrents
cavalent cavalent cavalent

on doit savoir les diriger
y concentrer les ordures
qu'il faut absolument glisser
      sous les ouatures

crottes de chiens vieilles lettres
mégots bâtonnets de sucettes
épingle à cheveux verre brisé
      l'ajonc mouillé
d'une gracieuse parabole
      les fait choir
en bas du trottoir
      sans une parole

ces artistes municipaux
ont depuis peu souvent la peau
            noire
ils ont un air mélancolique
pensent-ils à la Martinique ?
à un marigot africain ?
lorsqu'ils ont le balai en main
            du matin
            au soir

LES BOUEUX SONT EN GRÈVE

C'est jour de grève des boueux
on a la chance de pouvoir ce jour-là
jouer au chiffonnier au chineur
au brocanteur qui sait même à l'antiquaire
il y a un peu de tout
le choix est difficile
entre la poupée sans yeux sans bras sans nez
la boîte de sardines qui a perdu en chemin toutes ses sardines
la boîte de petits pois qui a perdu en chemin tous ses petits pois
le devoir déchiré qui a décroché non sans mal un zéro
le tube de pâte dentifrice qui a passé sous plusieurs compresseurs
    rouleaux
l'os l'arête le coton hydrophile
oui le choix est difficile

les poubelles bâillent au soleil de midi
toutes pleines de choses bonnes à cueillir
pour celui qui sait

tout à coup on aperçoit là... là... là...
une œuvre d'art... d'art... d'art...
abandonnée là... là... là...
par un philistin ignare
et sur laquelle on saute dare-dare
parfois c'est la Joconde que l'on retrouve ainsi
parfois c'est la Ronde de Nuit
parfois la Vénus de Milo
parfois le Radeau de la Méduse de Théodore Géricault

mais ce n'est pas tous les jours grève
jour de grève des boueux

OÙ S'EN VONT LES RUISSEAUX

Dans les rues à minuit ne coule aucun ruisseau
il ne naît qu'avec l'aube et le bon balayeur
qui lui ouvre la porte et dirige ses pas
pousse dans son eau claire ordures, feuilles mortes
les tickets de métro les cendriers vidés
tout et n'importe quoi file vers cette bouche
qui avale le ru pour le rendre à l'égout
Il renaît à l'azur lorsque sorti du noir
il laissera sa lie aux terrains d'épandage
Alors plus pur plus libre il s'en va vers l'aval
retrouver loin des ports le trésor des possibles

DESTIN D'UNE EAU

Où cours-tu, ru ?
où cours-tu, ru,
au fond des bois ?
agile comme une ficelle
tu coules liquide étincelle
qui éclaire les fougères
minces souples et légères
abandonnant derrière toi
la mobile splendeur des bois

où cours-tu, ru ?
où cours-tu, ru,
du fond des bois
tu te précipites à la mort
tu perdras tes eaux vivaces
dans un courant bien plus fort
que le tien qui se prélasse
au pied des fougères
minces souples et légères
ignorant sans doute tout ce qui t'attend
la rivière le fleuve et le dévorant océan

L'ORAGE

Tout à coup l'orage accourt
avec ses grosses bottes mauves
il piétine les bégonias les blés les prés
il marche sur les chênes
il emplit les rus de son urine
il crache de la boue
il broie l'air entre ses bras
et puis il s'en va
content de lui

LE CITADIN AUX CHAMPS

Abuser du temps qui passe
soustraire l'air d'une souris
piocher dans le beurre en motte
atteindre l'eau d'un coup de scie
piétiner l'or de la crotte
étreindre le blé sans épis
insulter mouche qui trotte
sermonner les pous des brebis
abuser du temps qui passe
voilà tout ce qu'à la campagne
fait le monsieur de Paris

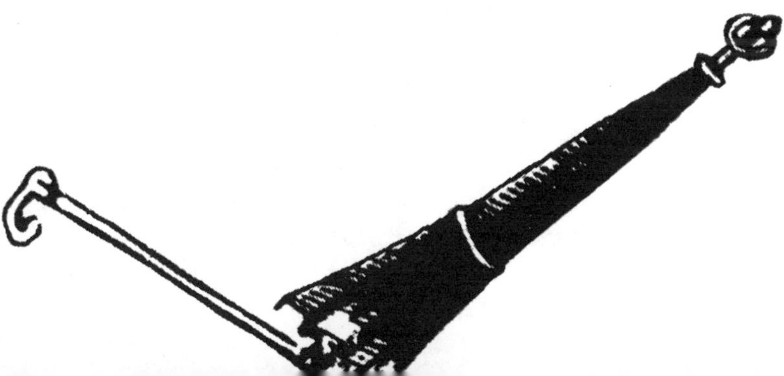

ACTE Ier
Scène I

L'ESPÈCE
HUMAINE

Qu'est-ce que ça veut dire, un nom ? Celui que porte Raymond Queneau vient de « quêne », un mot d'ancien français qui veut dire le chêne ; mais un « quenot », c'est aussi un petit chien. Alors, quêne ou quien, chêne ou chien ? Raymond Queneau a beaucoup hésité. À la fin, il préfère le chien, « ébrouant son poil gris gai briard fantastique ».
Raymond Queneau n'appartient ni au règne végétal ni à la race canine, mais à l'espèce humaine. Et c'est bien difficile, bien difficile à vivre, en attendant l'instant fatal qui les unira tous, les chênes, les chiens et les zhumains.

L'ESPÈCE HUMAINE

L' espèce humaine m'a donné
le droit d'être mortel
le devoir d'être civilisé
la conscience humaine
deux yeux qui d'ailleurs ne fonctionnent pas très bien
le nez au milieu du visage
deux pieds deux mains
le langage
l'espèce humaine m'a donné
mon père et ma mère
peut-être des frères on ne sait
des cousins à pelletées
et des arrière-grands-pères
l'espèce humaine m'a donné
ses trois facultés
le sentiment l'intelligence et la volonté
chaque chose de façon modérée
l'espèce humaine m'a donné
trente-deux dents un cœur un foie
d'autres viscères et dix doigts
l'espèce humaine m'a donné
de quoi se dire satisfait

TANT DE SUEUR HUMAINE

Tant de sueur humaine
tant de sang gâté
tant de mains usées
tant de chaînes
tant de dents brisées
tant de haines
tant d'yeux éberlués
tant de faridondaines
tant de faridondés
tant de turlutaines
tant de curés
tant de guerres et tant de paix
tant de diplomates et tant de capitaines
tant de rois et tant de reines
tant d'as et tant de valets
tant de pleurs tant de regrets
tant de malheurs et tant de peines
tant de vies à perdre haleine
tant de roues et tant de gibets

tant de supplices délectés
tant de roues tant de gibets
tant de vies à perdre haleine
tant de malheurs et tant de peines
tant de pleurs tant de regrets
tant d'as et tant de valets
tant de rois et tant de reines
tant de diplomates et tant de capitaines
tant de guerres et tant de paix
tant de curés
tant de turlutaines
tant de faridondés
tant de faridondaines
tant d'yeux éberlués
tant de haines
tant de dents brisées
tant de chaînes
tant de mains usées
tant de sang gâté
tant de sueur humaine

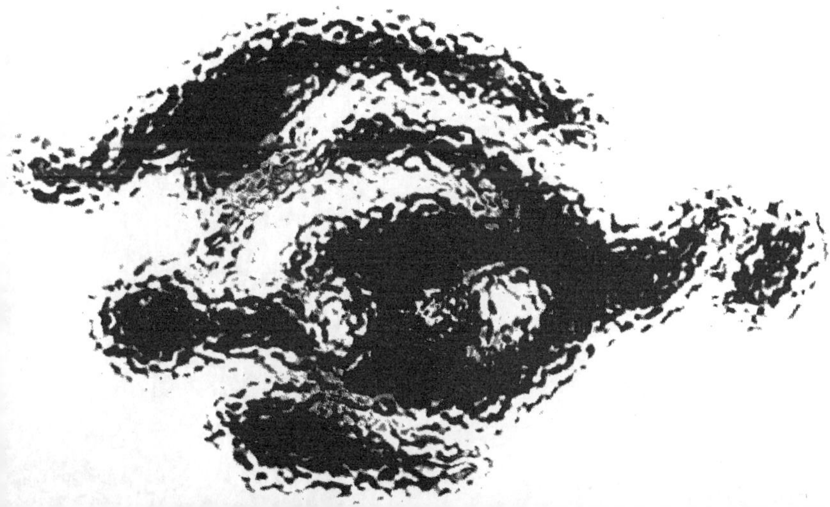

LES MURS

Les murs de l'allégresse
Sont tissés de sainfoin
Les murs de la tristesse
Sont tissés de tintouin
Le toit de l'allégresse
Est tissé de safran
Le toit de la tristesse
Est tissé de tatran
Le sol de l'allégresse
Est tissé de toutance
Le sol de la tristesse
Est tissé de souffrance

IL PLEUT

Averse averse averse averse averse averse
pluie ô pluie ô pluie ô ! ô pluie ô pluie ô pluie !
gouttes d'eau gouttes d'eau gouttes d'eau gouttes d'eau
parapluie ô parapluie ô paraverse ô !
paragouttes d'eau paragouttes d'eau de pluie
capuchons pèlerines et imperméables
que la puie est humide et que l'eau mouille et mouille !
mouille l'eau mouille l'eau mouille l'eau mouille l'eau
et que c'est agréable agréable agréable
d'avoir les pieds mouillés et les cheveux humides
tout humides d'averse et de pluie et de gouttes
d'eau de pluie et d'averse et sans un paragoutte
pour protéger les pieds et les cheveux mouillés
qui ne vont plus friser qui ne vont plus friser
à cause de l'averse à cause de la pluie
à cause de l'averse et des gouttes de pluie
des gouttes d'eau de pluie et des gouttes d'averse
cheveux désarçonnés cheveux sans parapluie

JE RESPECTE LA NUIT

La nuit était plus nuit l'ombre était plus nocturne
maintenant ce qui luit c'est la nuit dans la nuit
la lumière s'étend du plafond de ma turne
jusqu'à l'ombre du ciel au fin fond de la nuit
la fenêtre est ouverte et la loi taciturne
périt avec l'avion qui saccageait la nuit
la sirène se tait mais moi fils de Saturne
je ferme mes volets et respecte la nuit

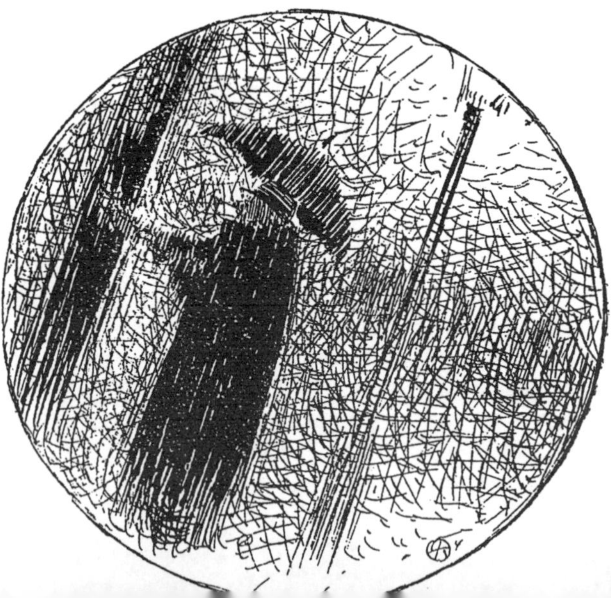

L'herbe : sur l'herbe je n'ai rien à dire
mais encore quels sont ces bruits
ces bruits du jour et de la nuit
Le vent : sur le vent je n'ai rien à dire

Le chêne : sur le chêne je n'ai rien à dire
mais qui donc chantonne à minuit
qui donc grignote un pied du lit
Le rat : sur le rat je n'ai rien à dire

Le sable : sur le sable je n'ai rien à dire
mais qu'est-ce qui grince ? c'est l'huis
qui donc halète ? sinon lui
Le roc : sur le roc je n'ai rien à dire

L'étoile : sur l'étoile je n'ai rien à dire
c'est un son aigre comme un fruit
c'est un murmure qu'on poursuit
La Lune : sur la lune je n'ai rien à dire

Le chien : sur le chien je n'ai rien à dire
c'est un soupir et c'est un cri
c'est un spasme un charivari
La ville : sur la ville je n'ai rien à dire

Le cœur : sur le cœur je n'ai rien à dire
du silence à jamais détruit
le sourd balaye les débris
Le soleil : ô monstre, ô Gorgone,
ô Méduse
ô soleil.

QUELQU'UN

Quand la chèvre sourit
quand l'arbre tombe
quand le crabe pince
quand l'herbe est sonore

plus d'une maison
plus d'une coquille
plus d'une caverne
plus d'un édredon

entendent là-bas
entendent tout près
entendent très peu
entendent très bien

quelqu'un qui passe et qui pourrait bien être
et qui pourrait bien être quelqu'un

RENFORT

Je vous dis adieu monsieur mon sergent
qui vous en allez à la guerre
vous en aurez pour votre argent
moi je reste avec les mémères
et les vieux de la der des der
qui furent nommés adjudants
et qui au jour de maintenant
sont absolument en retraite
je vous dis adieu monsieur mon sergent
je ne connais que la défaite

LA MEULE

Le chien torrent se jette en un joyeux élan
ébrouant son poil gris gai briard fantastique
le crin des gouttes d'eau s'écoule en tournoyant
tout autour de la roue épaisse et mécanique
nos jours seront broyés par le moulin du temps
que tourne un dieu de tous le plus énigmatique
farine indifférente où la sueur et le sang
se sont évaporés humeurs bien trop physiques
mais quel levain fera de cette cendre éthique
le pain qui nourrira tout l'espoir du mourant ?

CYGNES

Quand Un fit l'amour avec Zéro
Les sphères embrassèrent les tores
Et les nombres premiers s'avancèrent
Tendant leurs mains vers les frais sycomores
Et les fractions continues blessées à mort
Dans le torrent des décimales muettes se couchèrent

Quand B fit l'amour avec A
Les paragraphes s'embrassèrent
Les virgules s'avancèrent
Tendant leur cou par-dessus les ponts de fer
Et l'alphabet blessé za mort
S'évanouit dans les bras d'une interrogation muette

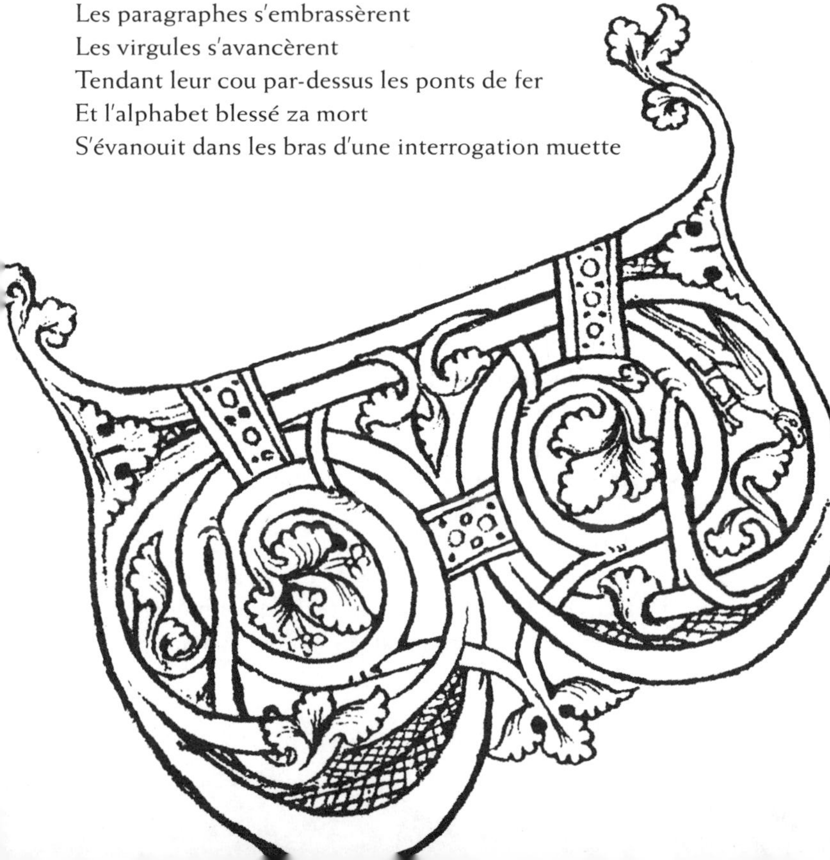

LES MOUCHES

Les mouches d'aujourd'hui
ne sont plus les mêmes que les mouches d'autrefois
elles sont moins gaies
plus lourdes, plus majestueuses, plus graves
plus conscientes de leur rareté
elles se savent menacées de génocide
Dans mon enfance elles allaient se coller joyeusement
par centaines, par milliers peut-être
sur du papier fait pour les tuer
elles allaient s'enfermer
par centaines, par milliers peut-être
dans des bouteilles de forme spéciale
elles patinaient, piétinaient, trépassaient
par centaines, par milliers peut-être
elles foisonnaient
elles vivaient
Maintenant elles surveillent leur démarche

les mouches d'aujourd'hui
ne sont plus les mêmes que les mouches d'autrefois

MÉSUSAGE DE LA LITOTE

Je me suis fait
un petit trou
pour y cacher mes perles
mes lapsus mes gourderies
mes maladresses mes gaucheries

je me suis fait
un petit trou
pour y cacher mes bévues
mes erreurs mes fautes d'orthographe
mes solécismes et mes gaffes
mes hypostrophes et patatraphes
tant et si bien et mieux que bien
que le trou redevient
un pas-trou bien plein

je m'étais fait
un petit trou
bien creux bien affamé
il est parti
tout rassasié
mais les perles sont restées

et le reste

Je n'attends plus rien de secrets aussi mal gardés
maintenant c'est une pyramide que je construirai
avec le reste

TROIS PETITS CAILLOUX

Trois petits cailloux
l'un jeté contre une glace
et qui rebondit
le second jeté contre un œil
et qui rebondit
(avec l'œil)
le troisième jeté dans une bouche
et qui disparaît
dans le trou
loin
bien loin

trois petits cailloux
dans une main

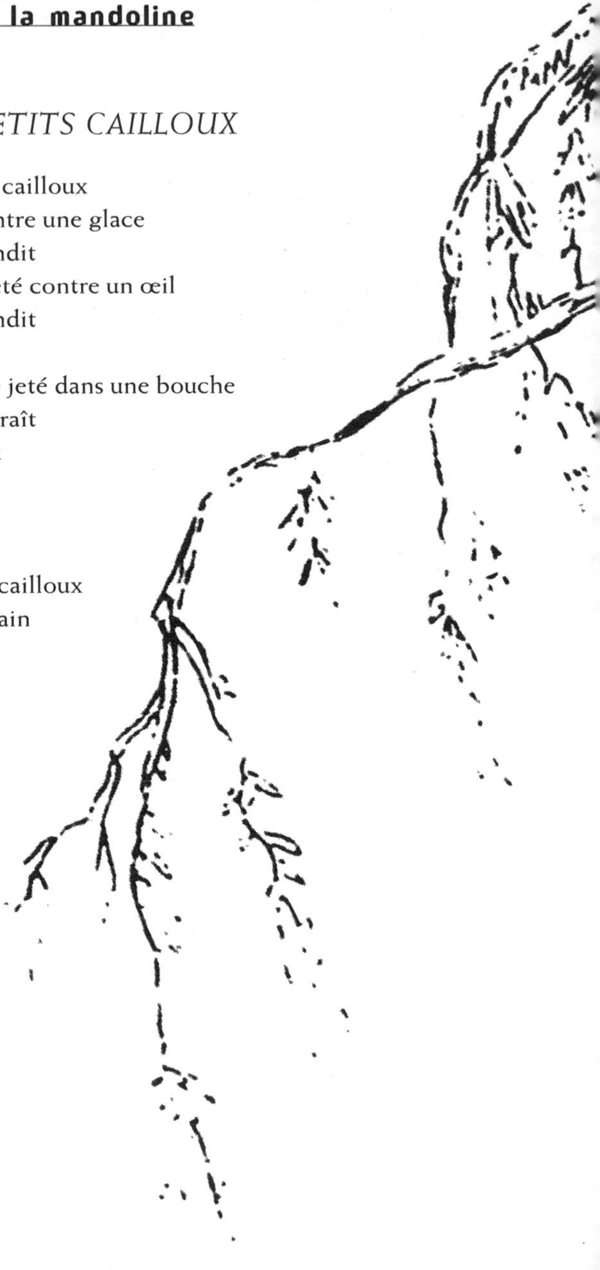

LÉGENDE

Un arbre a bu sur la route un grand verre de lait frais
Il s'est mis à marcher très vite il s'est assis sur le bord de la route
l'arbre
C'est bien là une chose qui en aucune façon ne m'effraie
De me trouver un jour au milieu de la route en face de l'arbre
qui aurait bu du lait frais
Comment marcherait-il ? Voilà une incroyable invraisemblance
Que les montagnes sautent comme des agneaux je l'admets
volontiers mais l'arbre ?
Pour moi toute cette histoire n'a décidément qu'une valeur de
légende
Encore en faudrait-il connaître le sens — et pour cela faudrait-il
encore qu'elle y condescende

LE DRAGON DOUX

Un serpent de mer arrive à bon port
il rencontre des journalistes
il leur explique quel est son sort
et pourquoi il se sent si triste
et d'où vient le fait qu'il existe

Au bout de peu de temps on se familiarise
on l'appelle par son petit nom
les femmes veulent lui faire des bises
un chasseur prépare du petit plomb

Quand il parle maintenant on ricane
plus question de lui à la télévision
on lui reproche d'obstruer la porte océane
ce qui amène de nombreuses protestations

Alors il retourne vers sa solitude marine
avant qu'on ne lui fasse un mauvais sort
s'il avait soufflé un peu de feu par les narines
peut-être aurait-il trouvé un plus accueillant port

UNE HISTOIRE FABULEUSE

La moissonneuse-batteuse-lieuse
s'en va par monts et par vaux
elle n'est point paresseuse
c'est une bonne travailleuse
et vaut bien le prix qu'elle vaut

le taureau roulant ses gros yeux
se dit : oh la belle bête
Pasiphaë pesait bien peu
à côté de cette conquête

il la séduit aussitôt
elle en tombe amoureuse
il me fera un petit veau
songe-t-elle toute rêveuse

elle devint mère effectivement
d'une égraineuse-écosseuse-dénoyauteuse
et le taureau fut bien content
car il approuvait les mutants
et les histoires fabuleuses

LA FOURMI ET LA CIGALE

Une fourmi fait l'ascension
d'une herbe flexible
elle ne se rend pas compte
de la difficulté de son entreprise

elle s'obstine la pauvrette
dans son dessein délirant
pour elle c'est un Everest
pour elle c'est un Mont Blanc

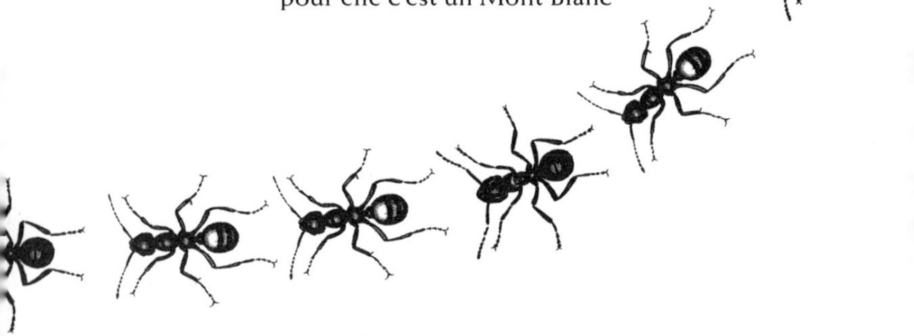

ce qui devait arriver arrive
elle choit patatratement
une cigale la reçoit
dans ses bras bien gentiment

eh dit-elle point n'est la saison
des sports alpinistes
(vous ne vous êtes pas fait mal j'espère ?)
et maintenant dansons dansons
une bourrée ou la matchiche

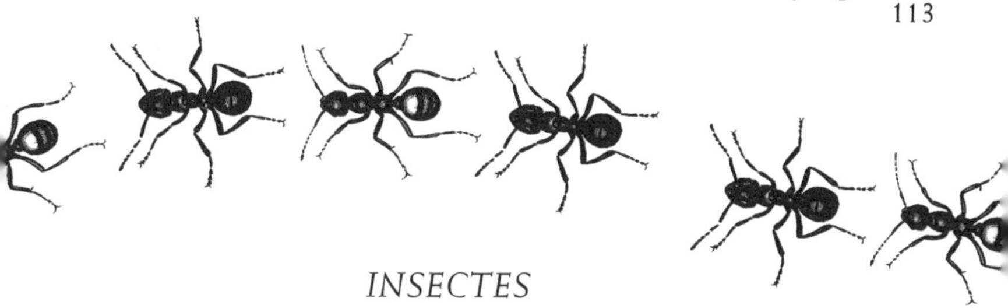

INSECTES

Sous le boisseau la lampe éclaire
une allée-venue de fourmis
court court l'épeire
oiseau de nuit sans ailes
elle compte ses pattes
et trouve un nombre différent chaque fois
cette araignée non arithméticienne
s'avère meilleure géomètre
lorsque sortant du boisseau
elle va dans le jardin
tracer des constructions légères
pour attraper des perles d'eau
la lampe s'éteint doucement
les fourmis travaillent travaillent
travaillent éperdument
l'épeire bâille bâille
en attendant
les mouches Ah cruelle épeire
qui te construis dans les jardins mélancoliques
de petits abattoirs en fils de diamant

LA LIMACE

Limace pure et sans tache
dont la bave trace dans le dédale des bourraches
son espace tout en surface
limace vorace dont la fringale
ravage la salade automnale
limace âme sagace
semblable aux sargasses humaines
limace brave qui perpétue ta race
vivace malgré la haine du campagnard
limace trisyllabe limace méconnue
il faut te donner un peu d'affection
pour que tu continues paisiblement ton chemin
et que sur ta face s'efface la trace de ton angoisse
et celle de ta bave aussi
sur les soucis

LE NEZ FIN

Prends un brin d'herbe et froisse-le
entre la pulpe de tes doigts
et tu sentiras parfois une odeur amère
et parfois celle du printemps
c'est peut-être de l'anis c'est peut-être de la menthe
c'est peut-être la plante
qui fait rêver à tous les parfums de l'Arabie
à la cannelle au gingembre à l'ilang-ilang
au poil de l'âne qui fait hihan hihan
à la roche rôtie à la pierre panée
à la route rouillée à la boue piétinée
à l'eau
à rien

L'ARBRE QUI PENSE

L'arbre qui pense
les pieds dans sa grille
à quoi pense-t-il
oh ça oh mais ça oh mais ça à quoi pense-t-il

Le chien qui pense
la patte en l'air
que pense-t-il
oh ça oh mais ça oh mais ça à quoi pense-t-il

Le pavé qui pense
le ventre poli de pas
que pense-t-il
oh ça oh mais ça oh mais ça à quoi pense-t-il

Ciel toits et nuages
voyez-moi
là tout en bas
qui marche
et qui pense à l'arbre qui pense
au chien au pavé
oh ça oh mais à quoi pensent-ils donc à quoi pensent-ils donc

Assis dans un fauteuil devant la cheminée
Père lisait Buffalo-Bill.
Accroupi près de lui j'avec soin déchirai
un livre à peine moins puéril.

Cet homme revenait d'Indo-Chine et d'Afrique.
Il avait le teint jaune et vert.
Il hébergeait en lui la colique hépatique
qui le foutait tout de travers.

Scarlatine, oreillons, orgelets, laryngites
nous nous partagions tous les deux
les maux les plus variés et les moins insolites
que nous soignions de notre mieux

en buvant la tisane, en croquant l'aspirine,
en avalant le fébrifuge,
en oignant le cérat, en piquant la morphine,
en dégustant la fade purge.

ÉGOCENTRISME

Je m'attendais au coin de la rue
j'avais envie de me faire peur
en effet lorsque je me suis vu
j'ai reculé d'horreur

Faisant le tour du pâté de maisons
je me suis cogné contre moi-même
c'est ainsi qu'en toute saison
on peut se distraire à l'extrême

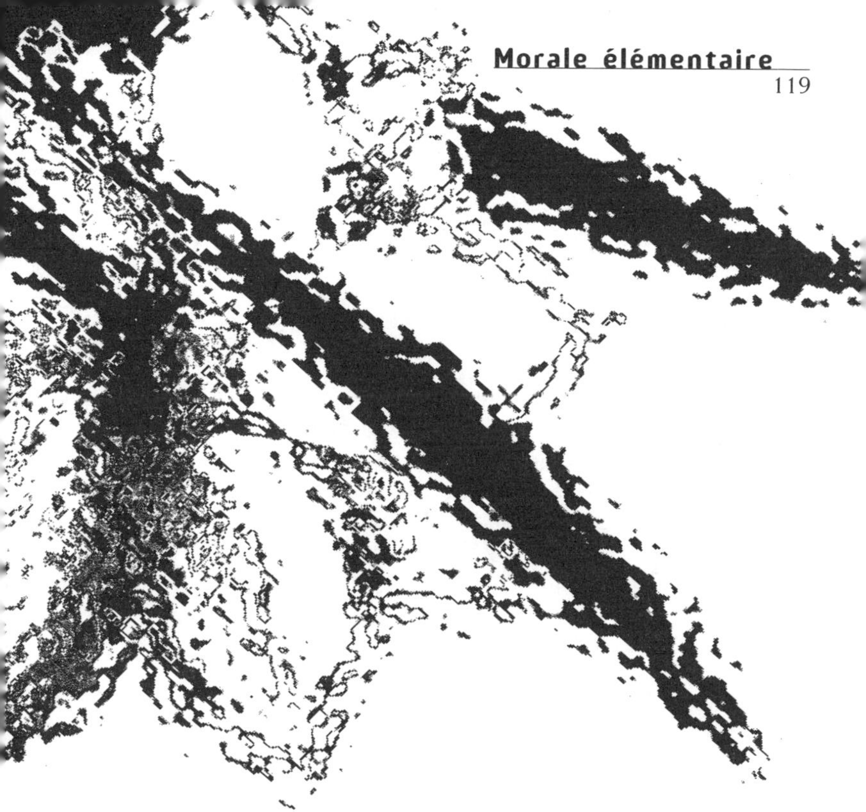

Les zinnias prospèrent, les yuccas poussent, les xéranthèmes prospèrent, les wédélies poussent, les volubilis prospèrent, les ulmaires poussent, les tulipes prospèrent, les scabieuses poussent, les renoncules prospèrent, les pivoines poussent, les œillets prospèrent, les narcisses poussent, les marguerites prospèrent, les lis poussent, les kennédies prospèrent, les jacinthes poussent, les iris prospèrent, les hortensias poussent, les géraniums prospèrent, les fuschias poussent, les églantines prospèrent, les dahlias poussent, les coquelicots prospèrent, les bégonias poussent, les anémones fleurissent. On ne leur a pas encore coupé la tête et le jardinier n'a pas les mains tachées de sang. La cueillette viendra plus tard. Pour le moment il est interdit de piétiner les plates-bandes.

Autoportrait

EXERCICES
DE STYLE

*En 1947, Raymond Queneau publie un volume d'*Exercices de style *dont il n'est pas facile de donner des extraits : c'est l'accumulation des styles qui donne à ce livre toute sa saveur. Il s'agit de la même courte histoire contée de quatre-vingt-dix-neuf façons différentes :*

Dans le décor des *Exercices de style*, interprétés par les Frères Jacques.

NOTATIONS

Dans l'S, à une heure d'affluence. Un type dans les vingt-six ans, chapeau mou avec cordon remplaçant le ruban, cou trop long comme si on lui avait tiré dessus. Les gens descendent. Le type en question s'irrite contre un voisin. Il lui reproche de le bousculer chaque fois qu'il passe quelqu'un. Ton pleurnichard qui se veut méchant. Comme il voit une place libre, se précipite dessus.
Deux heures plus tard, je le rencontre Cour de Rome, devant la gare Saint-Lazare. Il est avec un camarade, qui lui dit : « Tu devrais faire mettre un bouton supplémentaire à ton pardessus. » Il lui montre où (à l'échancrure) et pourquoi.

HOMÉOTÉLEUTES

Un jour de canicule sur un véhicule où je circule, gesticule un funambule au bulbe minuscule, à la mandibule en virgule et au capitule ridicule. Un somnambule l'accule et l'annule, l'autre articule : « crapule », mais dissimule ses scrupules, recule, capitule et va poser ailleurs son cul.

Une hule aprule, devant la gule Saint-Lazule je l'aperçule qui discule à propos de boutules, de boutules de pardessule.

ONOMATOPÉES

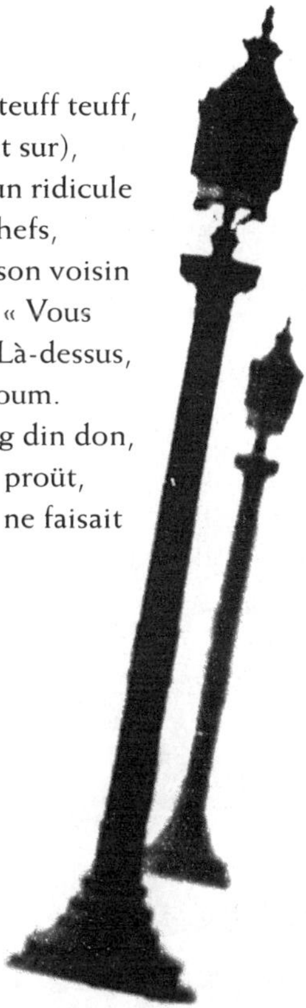

Sur la plate-forme, pla pla pla, d'un autobus, teuff teuff teuff, de la ligne S (pour qui sont ces serpents qui sifflent sur), il était environ midi, ding din don, ding din don, un ridicule éphèbe, proüt, proüt, qui avait un de ces couvre-chefs, phui, se tourna (virevolte, virevolte) soudain vers son voisin d'un air de colère, rreuh, rreuh, et lui dit, hm hm : « Vous faites exprès de me bousculer, monsieur. » Et toc. Là-dessus, vroutt, il se jette sur une place libre et s'y assoit, boum.
Ce même jour, un peu plus tard, ding din don, ding din don, je le revis en compagnie d'un autre éphèbe, proüt, proüt, qui lui causait bouton de pardessus (brr, brr, brr, il ne faisait donc pas si chaud que ça...).
Et toc.

VULGAIRE

L'était un peu plus dmidi quand j'ai pu monter dans l'esse. Jmonte donc, jpaye ma place comme de bien entendu et voilàtipas qu'alors jremarque un zozo l'air pied, avec un cou qu'on aurait dit un télescope et une sorte de ficelle autour du galurin. Je lregarde passeque jlui trouve l'air pied quand le voilàtipas qu'ismet à interpeller son voisin. Dites donc, qu'il lui fait, vous pourriez pas faire attention, qu'il ajoute, on dirait, qu'i pleurniche, quvous lfaites essprais, qu'i bafouille, deummarcher toutltemps sullé panards, qu'i dit. Là-dssus, tout fier de lui, i va s'asseoir. Comme un pied.

Jrepasse plus tard Cour de Rome et jl'aperçois qui discute le bout de gras avec autre zozo de son espèce. Dis donc, qu'i lui faisait l'autre, tu dvrais, qu'i lui disait, mettre un ottbouton, qu'il ajoutait, à ton pardingue, qu'i concluait.

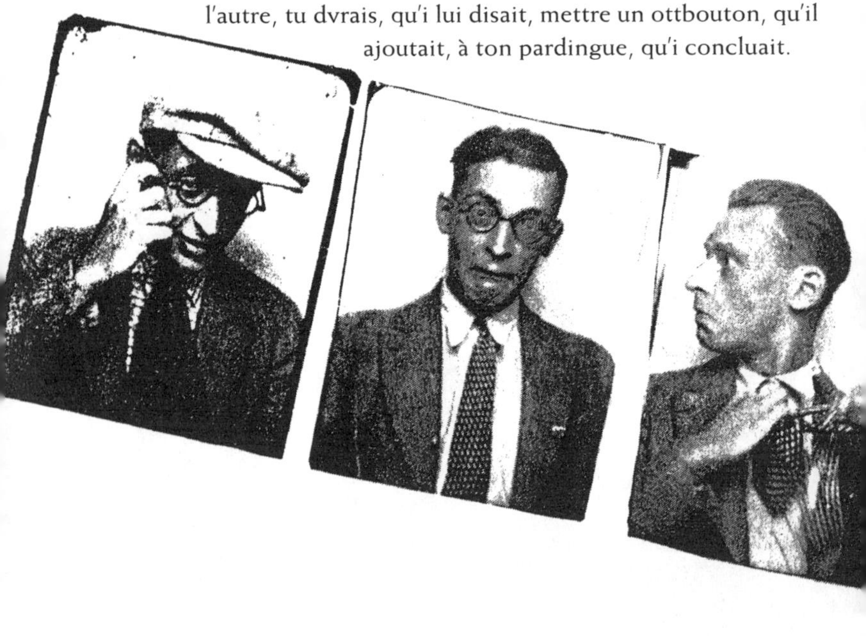

AUDITIF

Coinquant et pétaradant, l'S vint crisser le long du trottoir silencieux. Le trombone du soleil bémolisait midi. Les piétons, braillantes cornemuses, clamaient leurs numéros. Quelques-uns montèrent d'un demi-ton, ce qui suffit pour les emporter vers la porte Champerret aux chantantes arcades. Parmi les élus haletants, figurait un tuyau de clarinette à qui les malheurs des temps avaient donné forme humaine et la perversité d'un chapelier pour porter sur la timbale un instrument qui ressemblait à une guitare qui aurait tressé ses cordes pour s'en faire une ceinture. Soudain au milieu d'accords en mineur de voyageurs entreprenants et de voyajrices consentantes et des trémolos bêlants du receveur rapace éclate une cacophonie burlesque où la rage de la contrebasse se

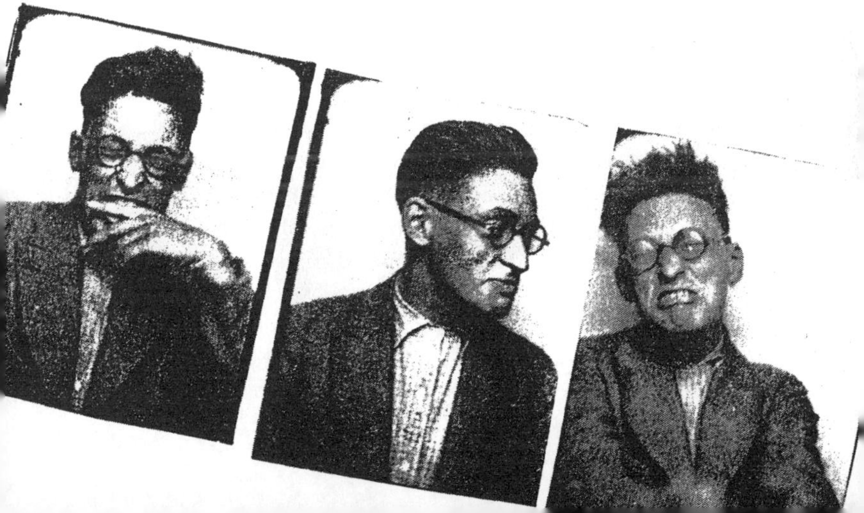

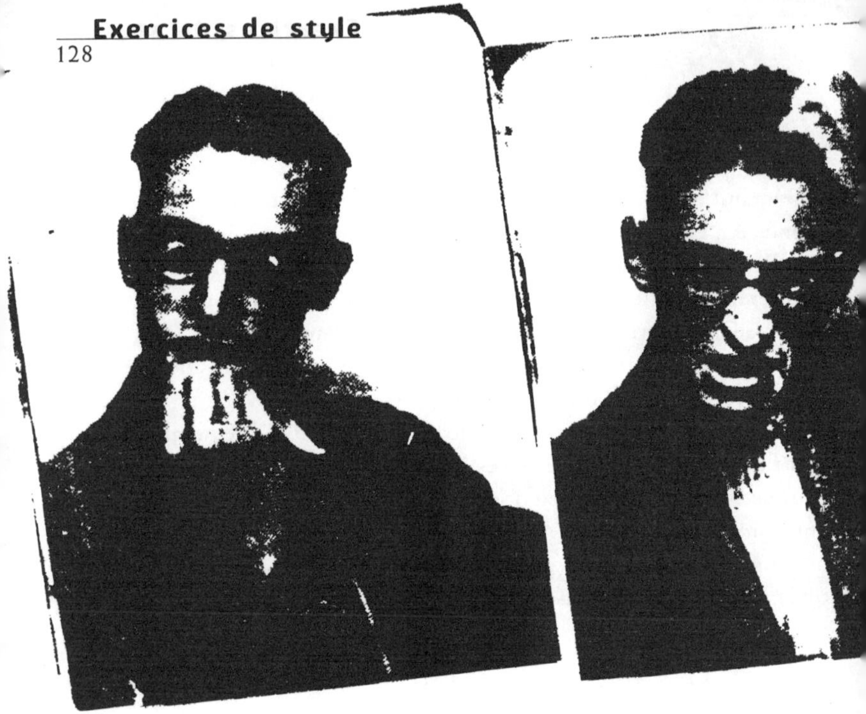

BOTANIQUE

Après avoir fait le poireau sous un tournesol merveilleusement épanoui, je me greffai sur une citrouille en route vers le champ Perret. Là, je déterre une courge dont la tige était montée en graine et le citron surmonté d'une capsule entourée d'une liane. Ce cornichon se met à enguirlander un navet qui piétinait ses plates-bandes et lui écrasait les oignons. Mais, des dattes ! fuyant une récolte de châtaignes et de marrons, il alla se planter en terrain vierge.
Plus tard je le revis devant la Serre des Banlieusards. Il envisageait une bouture de pois chiche en haut de sa corolle.

GASTRONOMIQUE

Après une attente gratinée sous un soleil au beurre noir, je finis par monter dans un autobus pistache où grouillaient les clients comme asticots dans un fromage trop fait. Parmi ce tas de nouilles, je remarquai une grande allumette avec un cou long comme un jour sans pain et une galette sur la tête qu'entourait une sorte de fil à couper le beurre. Ce veau se mit à bouillir parce qu'une sorte de croquant (qui en fut baba) lui assaisonnait les pieds poulette. Mais il cessa rapidement de discuter le bout de gras pour se couler dans un moule devenu libre.
J'étais en train de digérer dans l'autobus de retour lorsque devant le buffet de la gare Saint-Lazare, je revis mon type tarte avec un croûton.

Dans les jardins cachés
où ne se révèle
pas
l'histoire

UN CONTE
À VOTRE FAÇON

Les romans de Raymond Queneau sont construits rigoureusement sur des plans dont il s'est imposé les contraintes. Ça, le lecteur ne le sait pas : il n'a pas besoin de le savoir.
Beaucoup de poèmes de Raymond Queneau sont construits comme de petites mécaniques bien montées et bien huilées. Ça, le lecteur peut parfois s'en apercevoir : il n'a pas besoin de le savoir.
Mais à ses amis de l'Oulipo, Raymond Queneau a aussi démontré que des structures nouvelles étaient possibles pour raconter des histoires.
Un conte à votre façon *est construit en « arbre » : c'est le lecteur qui choisit l'histoire qu'il veut lire. Désirez-vous connaître l'histoire des trois alertes petits pois ? Si oui...*

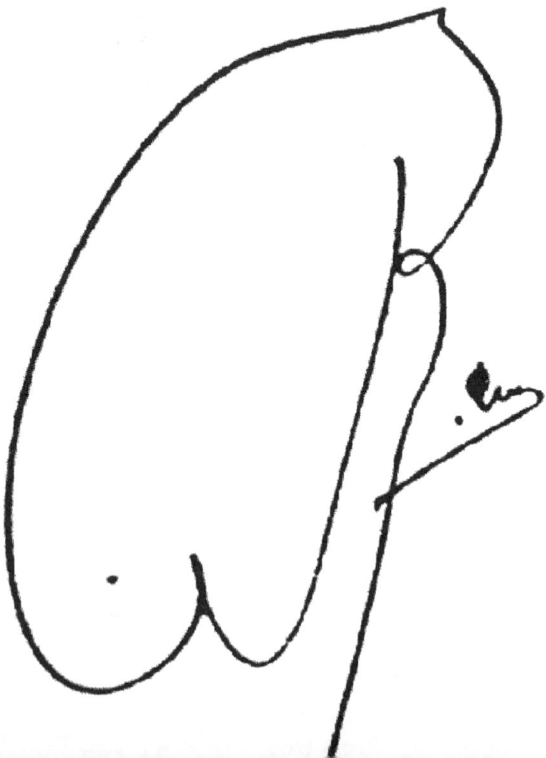

1 – Désirez-vous connaître l'histoire des trois alertes petits pois ?

si oui, passez à 4

si non, passez à 2.

2 – Préférez-vous celle des trois minces grands échalas ?

si oui, passez à 16

si non, passez à 3.

3 – Préférez-vous celle des trois moyens médiocres arbustes ?

si oui, passez à 17

si non, passez à 21.

4 – Il y avait une fois trois petits pois vêtus de vert qui dormaient gentiment dans leur cosse. Leur visage bien rond respirait par les trous de leurs narines et l'on entendait leur ronflement doux et harmonieux.

si vous préférez une autre description, passez à 9

si celle-ci vous convient, passez à 5.

5 – Ils ne rêvaient pas. Ces petits êtres en effet ne rêvent jamais.

si vous préférez qu'ils rêvent, passez à 6

si non, passez à 7.

6 – Ils rêvaient. Ces petits êtres en effet rêvent toujours et leurs nuits sécrètent des songes charmants.

si vous désirez connaître ces songes, passez à 11

si vous n'y tenez pas, vous passez à 3.

7 – Leurs pieds mignons trempaient dans de chaudes chaussettes et ils portaient au lit des gants de velours noir.

si vous préférez des gants d'une autre couleur, passez à 8

si cette couleur vous convient, passez à 10.

8 – Ils portaient au lit des gants de velours bleu.

si vous préférez des gants d'une autre couleur, passez à 7

si cette couleur vous convient, passez à 10.

9 – Il y avait une fois trois petits pois qui roulaient leur bosse sur les grands chemins. Le soir venu, fatigués et las, ils s'endormirent très rapidement.

si vous désirez connaître la suite, passez à 5

si non, vous passez à 21.

10 – Tous les trois faisaient le même rêve, ils saimaient en effet tendrement et, en bons fiers trumeaux, songeaient toujours semblablement.

si vous désirez connaître leur rêve, passez à 11

si non, passez à 12.

11 – Ils rêvaient qu'ils allaient chercher leur soupe à la cantine populaire et qu'en ouvrant leur gamelle ils découvraient que c'était de la soupe d'ers. D'horreur, ils s'éveillent.

si vous voulez savoir pourquoi ils s'éveillent d'horreur, consultez le Larousse au mot «ers» et n'en parlons plus

si vous jugez inutile d'approfondir la question, passez à 12.

12 – Opopoï ! s'écrient-ils en ouvrant les yeux. Opopoï ! quel songe avons-nous enfanté là ! Mauvais présage, dit le premier. Ouida, dit le second, c'est bien vrai, me voilà triste. Ne vous troublez pas ainsi, dit le troisième qui était le plus futé, il ne s'agit pas de s'émouvoir, mais de comprendre, bref, je m'en vais vous analyser ça.

si vous désirez connaître tout de suite l'interprétation de ce songe, passez à 15

si vous souhaitez au contraire connaître les réactions des deux autres, passez à 13.

13 – Tu nous la bailles belle, dit le premier. Depuis quand sais-tu analyser les songes ? Oui, depuis quand ? ajouta le second.

si vous désirez aussi savoir depuis quand, passez à 14

si non, passez à 14 tout de même, car vous ne le saurez pas plus.

14 — Depuis quand ? s'écria le troisième. Est-ce que je sais moi ! Le fait est que je pratique la chose. Vous allez voir !

si vous voulez aussi voir, passez à 15

si non, passez également à 15, car vous ne verrez rien.

15 — Eh bien voyons, dirent ses frères. Votre ironie ne me plaît pas, répliqua l'autre, et vous ne saurez rien. D'ailleurs, au cours de cette conversation d'un ton assez vif, votre sentiment d'horreur ne s'est-il pas estompé ? effacé même ? Alors à quoi bon remuer le bourbier de votre inconscient de papilionacées ? Allons plutôt nous laver à la fontaine et saluer ce gai matin dans l'hygiène et la sainte euphorie ! Aussitôt dit, aussitôt fait : les voilà qui se glissent hors de leur cosse, se laissent doucement rouler sur le sol et puis au petit trop gagnent joyeusement le théâtre de leurs ablutions.

si vous désirez savoir ce qui se passe sur le théâtre de leurs ablutions, passez à 16

si vous ne le désirez pas, vous passez à 21.

16 — Trois grands échalas les regardaient faire.

si les trois grands échalas vous déplaisent, passez à 21

s'ils vous conviennent, passez à 18.

17 — Trois moyens médiocres arbustes les regardaient faire.

si les trois moyens médiocres arbustes vous déplaisent, passez à 21

s'ils vous conviennent, passez à 18.

18 — Se voyant ainsi zyeutés, les trois alertes petits pois qui étaient fort pudiques s'ensauvèrent.

si vous désirez savoir ce qu'ils firent ensuite, passez à 19

si vous ne le désirez pas, vous passez à 21.

19 — Ils coururent bien fort pour regagner leur cosse et, refermant celle-ci derrière eux, s'y endormirent de nouveau.

si vous désirez connaître la suite, passez à 20

si vous ne le désirez pas, vous passez à 21.

20 — Il n'y a pas de suite le conte est terminé.

21 — Dans ce cas, le conte est également terminé.

RAYMOND QUENEAU, DES LIVRES

Tous les livres de Raymond Queneau sont publiés par les éditions Gallimard. La plupart sont entrés dans des collections au format de poche (Folio, Idées, Poésie/Gallimard. L'Imaginaire).

POÉSIE

Chêne et chien (1937), *Les Ziaux* (1943), *Bucoliques* (1947), *L'Instant fatal* (1948), *Petite cosmogonie portative* (1950), *Si tu t'imagines* (*Chêne et Chien, Les Ziaux, L'Instant fatal*, 1952), *Sonnets, Le Chien à la mandoline* (1958), *Cent mille milliards de poèmes* (1961), *Le Chien à la mandoline* (*Sonnets* et *Le Chien à la mandoline*, 1965), *Courir les rues* (1967), *Battre la campagne* (1968), *Fendre les flots* (1969), *Morale élémentaire* (1975).

ROMANS

Le Chiendent (1933), *Gueule de pierre* (1934), *Les Derniers Jours* (1936), *Odile* (1937), *Les Enfants du limon* (1938), *Un rude hiver* (1939), *Les Temps mêlés* (1941), *Pierrot mon ami* (1942), *Loin de Rueil* (1944), *On est toujours trop bon avec les femmes* (1947), *Saint-Glinglin* (1948), *Journal intime de Sally Mara* (1950), *Le Dimanche de la vie* (1952), *Zazie dans le métro* (1959), *Les Œuvres complètes de Sally Mara* (1962), *Les Fleurs bleues* (1965), *Le Vol d'Icare* (1968).

ESSAIS

Exercices de style (1947), *Bâtons, chiffres et lettres* (1950), *Entretiens avec Georges Charbonnier* (1962), *Exercices de style* (nouvelle édition, 1963), *Bords* (1963), *Une histoire modèle* (1966), *Le Voyage en Grèce* (1973), *La Littérature potentielle* (collectif, 1973), *Atlas de littérature potentielle* (collectif, 1981), Contes et propos (1981).

Le centre de documentation Raymond-Queneau (bibliothèque communale, place du Marché, B-4800 Verviers, Belgique) publie des « Documents Raymond Queneau ». – L'association des Amis de Valentin Brû (56, rue Carnot, 92300 Levallois-Perret) publie un bulletin.

TABLE DES MATIÈRES

4. Raymond Queneau, un poète,
préface par François Caradec

12. *Pour un art poétique*, préface par François Caradec
13. La Chair chaude des mots (*Le Chien à la mandoline*)
14. Un Enfant a dit (*L'Instant fatal*)
15. « Un poème c'est bien peu de chose... » (*L'Instant fatal*)
16. « Adieu ma terre ronde... » (*L'Instant fatal*)
17. « Bien placés bien choisis... » (*L'Instant fatal*)
18. « Bon dieu de bon dieu... » (*L'Instant fatal*)
19. « L'encrier noir au clair de lune... » (*L'Instant fatal*)
20. « Quand les poètes s'ennuient... » (*L'Instant fatal*)
21. « Un train qui siffle dans la nuit... » (*L'Instant fatal*)
22. L'Inspiration (*Battre la campagne*)
23. Pour un Art poétique (*Le Chien à la mandoline*)
24. Encore l'Art po (*Le Chien à la mandoline*)
25. Le Travail continu (*Courir les rues*)
26. Sur un petit Air de flûte (*Battre la campagne*)
27. La Brouette (*Fendre les flots*)
28 Le Pour et le Contre (*Le Chien à la mandoline*)
29. L'Écolier (*Battre la campagne*)
30. « Le chasseur revient de la forêt... » (*Morale élémentaire*)
31. La Main à la plume (*Battre la campagne*)

33. *Les Ziaux*, préface par François Caradec
35. Les Ziaux (*Les Ziaux*)
36. Le Début et la Fin (*Le Chien à la mandoline*)
37. Lentilles vert émeraude (*Courir les rues*)
38. L' Ignorance troublée (*Le Chien à la mandoline*)
39. Si tu t'imagines (*L'Instant fatal*)
41. Maigrir (*L'Instant fatal*)
43. La Pendule (*L'Instant fatal*)
45. Ixatnu siofnnut i avay (*Courir les rues*)
47. Men at work (*Courir les rues*)
49. « Sabre de bois de paille... » (*L'Instant fatal*)
51. Il pleut (*L'Instant fatal*)
52. Hommage à Tristan Corbière (*Le Chien à la mandoline*)
53. L' Aventure (*Fendre les flots*)
54. La Marine à voiles (*Fendre les flots*)
56. L' Ouïe fine (*L'Instant fatal*)

57. Pauvre type (*Le Chien à la mandoline*)
58. Poème assez sérieux avec des points de suspension (*L'Instant fatal*)
59. Affreux mur (*L'Instant fatal*)

61. *Courir les rues*, préface par François Caradec
63. L'Amphion (*Les Ziaux*)
64. Dites-moi zoù (*Courir les rues*)
65. Cris de Paris (*Courir les rues*)
66. Passés Futurs (*Courir les rues*)
67. Nocturne (*L'Instant fatal*)
68. Dans l'Espace (*L'Instant fatal*)
69. Acoustique (*Courir les rues*)
70. Voies (*Courir les rues*)
71. Une facilité de pensée (*Courir les rues*)
72. Rue Volta (*Courir les rues*)
73. La Rue Galilée (*Courir les rues*)
74. Rue Chose (*Courir les rues*)
75. Le Pétun du Titi (*Courir les rues*)
76. Il faut faire signe au machiniste (*Courir les rues*)
77. Les Problèmes de la circulation (*Courir les rues*)
78. Les Entrailles de la terre (*Courir les rues*)
79. Les Citernes (*Les Ziaux*)
80. Les Pauvres Gens (*Courir les rues*)
81. La Tour l'hiver (*Courir les rues*)
82. La Tour translatoire (*Courir les rues*)
83. La Tour squelettique (*Courir les rues*)
84. Le Quai Lembour (*Courir les rues*)
85. Genèse d'un zoo (*Battre la campagne*)
86. Loin des tropiques (*Courir les rues*)
87. Les boueux sont en grève (*Courir les rues*)
88. Où s'en vont les ruisseaux (*Fendre les flots*)
89. Destin d'une eau (*Battre la campagne*)
90. L'Orage (*Battre la campagne*)
91. Le Citadin aux champs (*Battre la campagne*)

93. *L'Espèce humaine*, préface par François Caradec
95. L'Espèce humaine (*Battre la campagne*)
96. Tant de sueur humaine (*L'Instant fatal*)
98. Les Murs (*L'Instant fatal*)
99. Il pleut (*Les Ziaux*)
100. Je respecte la nuit (*L'Instant fatal*)

101. « L'herbe : sur l'herbe je n'ai rien à dire... »
(*Chêne et chien*)
102. Quelqu'un (*L'Instant fatal*)
103. Renfort (*Les Ziaux*)
104. La Meule (*Les Ziaux*)
105. Cygnes (*L'Instant fatal*)
106. Les Mouches (*Courir les rues*)
107. Mésusage de la litote (*Le Chien à la mandoline*)
108. Trois petits cailloux (*Le Chien à la mandoline*)
109. Légende (*Le Chien à la mandoline*)
110. Le Dragon doux (*Fendre les flots*)
111. Une histoire fabuleuse (*Battre la campagne*)
112. La Fourmi et la Cigale (*Battre la campagne*)
113. Insectes (*Battre la campagne*)
114. La Limace (*Battre la campagne*)
115. Le Nez fin (*Battre la campagne*)
116. L'Arbre qui pense (*Le Chien à la mandoline*)
117. « Assis dans un fauteuil devant la cheminée... »
(*Chêne et chien*)
118. Égocentrisme (*Le Chien à la mandoline*)
119. « Les zinnias prospèrent... » (*Morale élémentaire*)

121. *Exercices de style*, préface par François Caradec
123. Notations (*Exercices de style*)
124. Homéotéleutes (*Exercices de style*)
125. Onomatopées (*Exercices de style*)
126. Vulgaire (*Exercices de style*)
127. Auditif (*Exercices de style*)
128. Botanique (*Exercices de style*)
129. Gastronomique (*Exercices de style*)

131. *Un conte à votre façon*, préface par François Caradec
133. « 1 – Désirez-vous connaître l'histoire des trois alertes petits pois ?... »
(*Contes et propos*)

ICONOGRAPHIE

3 Photo © Gallimard **6** Photo D.R. **7** Photo D.R. **10-11** Photo D.R. **12** Photo BNF **14-15** Photo D.R. **16-17** Photo Roger-Viollet **18-19** Illustration de Raphaël Kirchner (D.R.) **20-21** D.R. **22-23** Illustration de Robert Dupont (D.R.) **25** D.R. **27** D.R. **28-29** D.R. **30-31** Illustration de Pilon (D.R.) **32-33** D.R. **34-35** D.R. **39-40** D.R. **42-43** D.R. **45** Manuscrit, bibliothèque municipale du Havre (mss. inv. 937, fol.3) **46** D.R. **48-49** Illustration de Pilon (D.R.) **51** D.R. **52-53** Photo BNF **54-55** D.R. **56** D.R. **60-61** Manuscrit, bibliothèque municipale du Havre (mss. inv. 935, fol.1) **62-63** Manuscrit, bibliothèque municipale du Havre (mss. inv. 937, fol.3) **64-65 et 66-67** Illustration de Raphaël Kirchner (D.R.) **68** D.R. **70-71 et 72-73** Plan de Turgot (photo BNF) **76** D.R. **78-79** D.R. **80-81** Manuscrit, bibliothèque municipale du Havre (mss. inv. 935) **82-83** Dessin de Verrimst (photo Roger-Viollet) **84-85** D.R. **88-89** D.R. **90-91** D.R. **92-93** D.R. **94** D.R. **96-97** D.R. **98-99-100** Illustration de Raphaël Kirchner (D.R.) **102-103** D.R. **104-105** D.R. **108-109** D.R. **110-111** D.R. **115** Dessin de Valloton (D.R.) **116-117** D.R. **118-119** Dessin de G. Fraipont (D.R.) **120** Photo © Gallimard et D.R. **121** D.R. **122** D.R. **124-125** Photo Roger-Viollet **126 à 129** D.R. **130-131** Photo © Gallimard et manuscrit, bibliothèque municipale du Havre (mss. inv. 935) **132** D.R. **137** D.R.

Loi n°49-956 du 16 juillet 1949
sur les publications destinées à la jeunesse
ISBN 978-2-07-054630-5
Numéro d'édition : 151693
Premier dépôt légal : février 2001
Dépôt légal : mars 2007
Imprimé en France sur les presses de l'imprimerie Hérissey
Numéro d'impression : 104475